Eyelash Extension

Perfect Master Revision

Eyelash Extension

Contents

Chapter 1　まつ毛の基礎知識 ……7

1. 眼の構造 ……8
2. 瞼の構造 ……9
3. まつ毛の構造 ……10
4. まつ毛の毛周期 ……10
5. まつ毛内部 ……11
6. 皮膚の構造 ……11
7. 目と瞼の病気とトラブル ……12
8. 衛生 ……14

Chapter 2　施術準備 ……17

1. セッティング ……18
2. まつ毛エクステのカール、太さ、長さの種類と特徴 ……20

Chapter 3　基本テクニック ……21

1. 姿勢 ……22
2. 持ち方・指手消毒・テープの準備 ……23
3. 補助テープとアンダーテープの装着 ……24
4. 上まつ毛の前処理 ……25
5. グルーのつけ方 ……25
6. エクステンションの付け方 ……26
7. シングルテクニック ……27
8. ダブルテクニック ……28
9. 下まつ毛のテープの装着とエクステの装着 ……29
10. オールリムーブ エクステの落とし方 ……30
11. ポイントリムーブ ……32

Chapter 4　基本デザイン ……33

1. 太さ・カールの形状・長さ・本数の違いによる印象変化 ……34
2. エクステンションの毛並びによる印象変化 ……36

Chapter 5　まつ毛エクステデザインバリエーション ……47

Chapter 6　サロンワーク実践編 ……94

Message From

Shigeru Shiori &
Ken Shiori

あれから4年間

前著『まつ毛エクステンション・パーフェクトマスター』は、"プロフェッショナルなまつ毛エクステンション施術を可能にする"をテーマに、まつ毛エクステの"教科書"としての位置づけで2009年6月に出版させていただきました。あれから丸4年が経ち、その間、まつ毛エクステの技術を学びたい美容師、美容学生をはじめとした業界内外の方々から支持され、教本として活用していただいています。またサロンの現場では、カットやカラーと同様に、お客様を素敵に変身して差し上げるメニューの一つとして定着し、導入されるサロンが増えている状況でもあります。

"美容師"だけが行える施術

2008年3月、厚生労働省の通達によって美容師法が見直され、まつ毛エクステは「美容行為」であり、原則として「美容所」において「美容師」だけが行える施術ということが明確になりました。美容のプロであると同時に、プロのアイビューティシャンとしての意識と責任をもって、安心・安全な技術とお客様が求めるデザインを提供するということを改めて認識していただきたいと思っています。

改訂版では

前著で紹介したテクニック編より、さらに安心・安全を意識したエクステンションの装着からリムーバーまで、最もスタンダードなテクニックのラインナップで紹介しています。そのテクニックを基に、自主練習もできるように分かりやすく解説したDVD付です。加えて、テクニックのバックボーンとなるまつ毛の構造・医学・衛生面など知識編も充実させました。プロのアイビューティシャンを目指す方をはじめ、自身の技術を見直したい方、指導される方など、多くの美容師の皆さんのお役に立てることを願っています。

平成25年11月　枝折　繁　　枝折　憲

まつ毛の
基礎知識

衛生的な施術を行うために、
眼・瞼・まつ毛の構造と
働きを理解しておきましょう。

Chapter 1

眼の構造

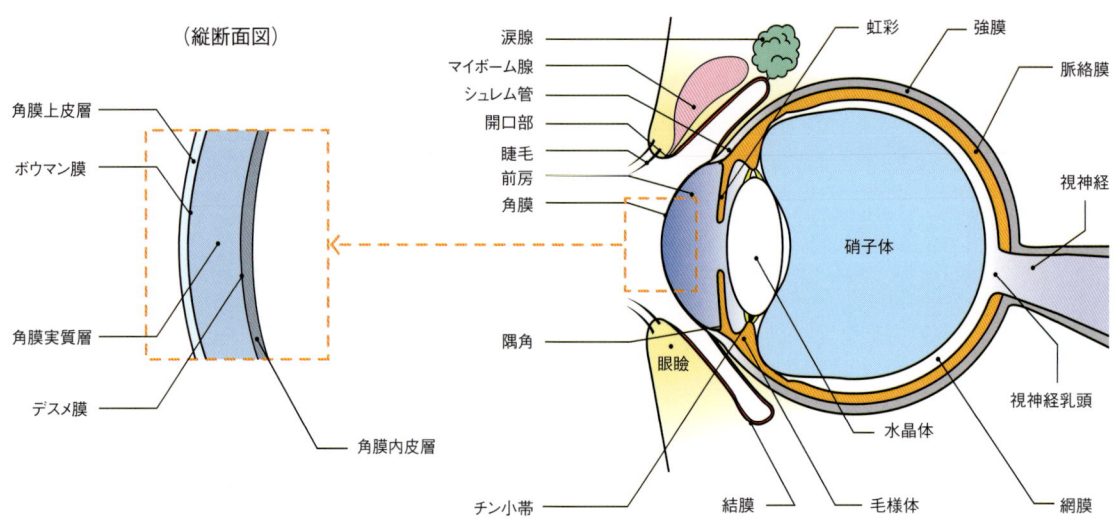

角膜
眼球の最表層部に位置する透明な組織で、厚さは約0.5mmあります。眼屈折系の一部としてレンズの役割を果たしています。角膜は表面から上皮層（上皮細胞）、ボウマン膜、実質層、デスメ膜（デスメ層）、内皮層（内皮細胞）の5層からできています。血管のない組織で、涙から酸素、房水から栄養素を受け取っています。

- 上皮層…角膜の一番外側にあり、5～7層の細胞から形成され、厚さは約0.05mmです。この細胞は手術により切除したり、何かの理由で傷ついたとしてもまた自然に再生します。
- ボウマン膜…コラーゲン繊維というタンパク質が網状になり薄い膜で形成され、厚さは約0.01mmです。再生機能はありません。
- 実質層…厚さは約0.4～0.5mmで角膜の厚さ90％を占めています。再生機能はありません。
- デスメ膜…厚さは約0.01mmで、実質層と内皮層を結びつける役割をしています。再生機能があるので傷ついても自然に修復します。
- 内皮層…厚さは約0.05mmで、角膜の一番奥にある層です。血管のない角膜に内皮層は角膜全体に酸素や栄養を送り、水分調整を行うポンプの働きもしています。再生機能はありません。

結膜
瞼の裏面と眼球の表面を覆っている粘膜組織で、眼球表面を涙液で湿潤に保っています。主に外部からの異物侵入を防ぎ、眼球運動やまばたきを滑らかに行わせる役割があります。瞼の裏側を眼瞼結膜、白目を覆う部分を眼球結膜、両者の移行接続部分を円蓋部結膜といいます。また、瞼と眼球の間は袋状になっており、結膜嚢といいます。

強膜
眼球の外壁で最も外側にある膜で、厚さは約1mmの白色不透明な強靭な球形の線維膜です。一般的に白目と言われる部分で、角膜とともに眼球外膜を構成し、後方の5/6を占めます。眼球保持機能と眼内容保護機能を持っています。

ブドウ膜
眼球の中間にある膜で、虹彩、毛様体、脈絡膜という3つの部分からできています。

脈絡膜
網膜と強膜の間にある薄い膜で、脈絡膜内にある血管です。眼球や網膜に酸素や栄養を補給し、眼球内の老廃物を運び出す役割もあります。色素を多く含み、瞳孔以外から余分な光が入ってこないようにカーテンの役割を担い、眼球内を暗くし暗室のようにしています。

網膜
最も内側にある膜で、光の強さ、色、形などを識別する視細胞があります。

視神経
視覚をつかさどる脳神経を視神経といいます。

中心窩
網膜の中心の黄斑という部分の中心で、細かい物を見たり、色を識別する錐体細胞のみ存在するため、網膜の解像度が最も高い部分です。

マイボーム腺(瞼板腺)
まつ毛の生えている部分よりやや内側に20～40ほど点在する皮脂腺の1つで、脂質を分泌し、涙の表面を脂の膜となって覆い、涙の蒸発を防ぐ役割をしています。

前房(前眼房)
角膜と水晶体で囲まれた部分で、虹彩を境に前側を前房、後ろ側を後房と呼び、眼房水で満たされています。血管のない眼の組織に酸素や栄養を送り、眼球内の圧力(眼圧)の調整を行っています。

虹彩
虹彩中央部の瞳孔が大きさの調整をし、眼球内に入る光の量を調整しています。日本人ならば茶目にあたる部分です。

隅角
角膜と虹彩の根元が交わる部分で、房水の排出口があります。

視神経乳頭
網膜の神経繊維が集中している部分です。

シュレム管
角膜を取り囲んでいる組織で、房水の排出口です。

毛様体
チン小帯を介し水晶体を支え、水晶体の厚さを調整する筋肉を含む組織です。また、房水の分泌にも関わっています。

チン小帯(毛様体小帯)
水晶体と毛様体の間を繋ぎ水晶体を支えています。遠くや近くを見る時に毛様体の筋肉と協力して、水晶体の厚さを調整を行っています。

水晶体
虹彩と硝子体の間にあり、直径約9㎜、前後径約4.5㎜の凸レンズの形をした血管のない透明な組織です。毛様体の収縮運動によって、水晶体は厚さを変化させ、外から入ってくる光を屈折させ、ピントを合わせ網膜に像を映します。

硝子体
水晶体の後ろに接し、眼球後部の眼内空間を満たしている無色透明のゲル様物質で、99％が水です。眼球の形状を保つ働きがあります。

涙腺
涙の分泌器官。涙腺、涙点、涙小管、涙嚢を総称して涙器といいます。

瞼 の 構 造
まぶた

瞼は眼瞼(がんけん)といい、上瞼を上眼瞼、下瞼を下眼瞼と分けられます。上下瞼が眼球を覆って保護し角膜を潤し、その上下方向の動きにより開閉を行い、また光量の調整を行っています。瞼は主に眼輪筋、瞼板、眼瞼挙筋、眼窩脂肪、挙筋腱膜で構成され、外側は皮膚で、その下に脂肪はなく、すぐ筋肉があります。

眼輪筋(がんりんきん)
眼の周りを覆う筋肉で、主に瞼を閉じる動作を担っており、涙の循環も助ける働きがあります。

瞼板(けんばん)
瞼の縁にあり、弾力のある軟骨様の少し硬い線維性結合組織で、眼瞼の形状を保持しています。瞼板と眼瞼挙筋がつながり、瞼板を持ち上げて瞼を開きます。

眼瞼挙筋(がんけんきょきん)
動眼神経支配で上瞼を挙上する作用を持ちます。いわゆる瞼を持ち上げる筋肉です。眼瞼挙筋は途中から挙筋腱膜という組織になり、腱膜を介して瞼板持ち上げ瞼を上げています。腱膜と瞼板が外れてしまっても、眼瞼挙筋に付随しているミュラー筋の働きで、一応瞼は上がります。

眼窩脂肪(がんかしぼう)
眼球の周りを覆っている脂肪で、外部の衝撃から保護する役割があります。眼窩脂肪が多いと厚ぼったい瞼になることが多いです。

挙筋腱膜(きょきんけんまく)
瞼板と眼瞼挙筋を結合する大切な部分です。

眉毛 目の上に弓状に生える毛のことをいいます。

睫毛(しょうもう) まつ毛のことをいいます。

一重瞼 上眼瞼に溝がなく、一重ともいいます。
二重瞼 上眼瞼に溝があり、二重ともいいます。
奥二重 二重瞼でまつ毛と溝の間の幅が狭く、溝が隠れてわかりにくい状態で、奥二重といいます。

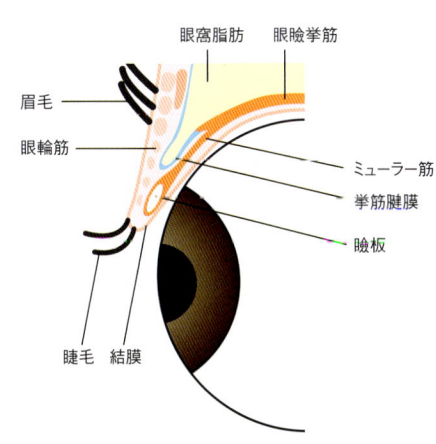

まつ毛の構造

毛幹部
皮膚表面から出ていて、実際目に見える部分です。

毛根部
皮膚の内側にあり、毛包中に伸びている部分です。

毛孔
毛の出口で、毛穴より下にあり、毛を取り囲む組織です。

毛包
表皮が真皮に向かって伸びてできた窪みで、毛を取り囲む組織です。

毛球
毛根部の下部にあり球根状の膨らみをもち、毛乳頭、毛母細胞、メラノサイトなどの組織で構成された、毛をつくる場所です。毛球は、内側から母毛、内毛根鞘とその外の層外毛根鞘からなります。

毛乳頭
毛の根元の毛球中央にあり、真皮から毛細血管が入り込み、毛細血管から髪の生成に必要な栄養素や酸素などを受け取り、毛母細胞に渡し、受け取った毛母細胞は細胞分裂を繰り返し、やがて髪の毛となります。

毛母細胞
毛乳頭を取り巻くように存在し、毛乳頭から栄養と酸素を受け取り細胞分裂・増殖を繰り返し、毛を形成する各組織を作り出します。毛母細胞は細胞分裂し皮膚の上へ押し上がっていき、やがて水分を失い硬くなります。これを角化と呼びます。細胞はさらに固いタンパク質となり、これをケラチンといい、毛の場合は硬ケラチンといいます。また、毛母細胞の間にメラニン色素を生成するメラノサイト(色素生成細胞)が散在し、このメラニンによって毛の色が決まってきます。

毛細血管
毛母細胞に栄養や酸素を運ぶ役割を担っています。

皮脂腺
皮脂を分泌し、毛や皮膚にツヤを与え、乾燥や細菌の侵入などを防いでいます。

毛隆起
毛胞の隆起している部分です。

立毛筋(起毛筋)
毛根に付着する筋肉。寒さや恐怖などで収縮すると、毛幹を立てて鳥肌を生じさせます。

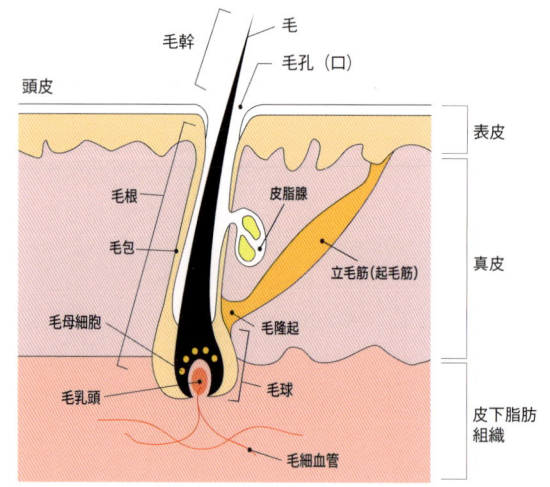

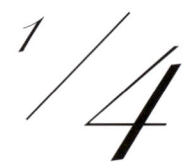

まつ毛の毛周期

まつ毛は、眼にゴミやほこりなどの異物が当たったり、入っていくのを防ぐ役割があります。異物がまつ毛に触れると、まつ毛の毛根周辺に集まっている知覚神経が認識し、自然にまぶたを閉じます。また、まつ毛の周りは薄い皮下組織なので非常に早く反応して動くことができます。

日本人のまつ毛の長さは約10mmで、片目上まつ毛が80〜100本で多い人でも150本程度です。下まつ毛は約50〜80本です。外国人と比べて長さも短く本数も少なく、人種だけでなく個人差が非常に大きいのです。

まつ毛も毛髪と同様毎日自然に抜けますが、1日に約5本前後で、ライフサイクル(毛周期)も毛髪と比べると大変短く、30〜90日で生え変わります。成長の速度は遅く1か月で約5.4mmほどです。まつ毛は、毛髪と違い短いサイクルで、一定の長さが保たれます。成長が最も活発になるのは、成長ホルモンの分泌が盛んなPM10:00〜AM2:00の間と、毛髪と同じなので、この時間帯に栄養を与え十分な睡眠をとると、まつ毛の成長と再生をより促します。

成長期
皮膚の中で幹細胞が分裂し、毛包が真皮の奥深く入り込み毛乳頭に達します。毛包が完成し、ケラチン蛋白質が作られる毛母細胞は大きく成長し、分裂を繰り返して押し出すように成長していきます。最初は細くコシもない状態ですが、皮膚表面へ出た後さらに太く伸び、コシも出てきます。

退行期
毛根と毛乳頭、毛母細胞の位置が離れていき、まつ毛を成長させていた毛母細胞での分裂が減少します。毛包も委縮し、皮膚内に残った毛根は押し上げられていきます。まつ毛の成長が止まる時期です。

休止期
まつ毛と毛乳頭が完全に離れ、毛母細胞も消失します。まつ毛が自然に抜け落ちたり、成長期になって新しいまつ毛が伸びてくることにより、押し出され脱毛します。

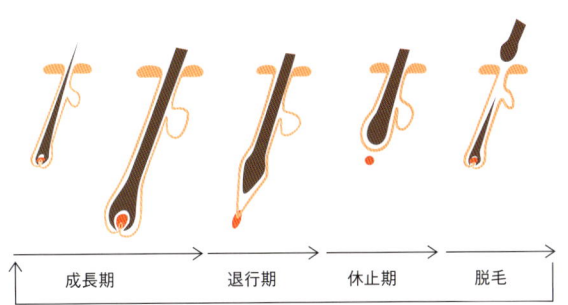

まつ毛内部

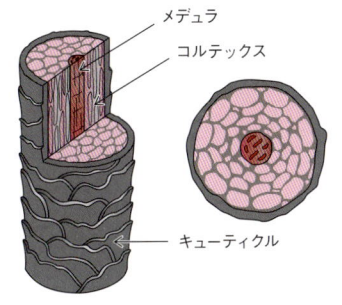

毛髄質（メデュラ）
毛の中心部で、タンパク質。脂質を主成分にした角化していない柔らかい細胞が縦に並び、細かい空気を含んでいます。毛髄質の量が多いほど毛太くなります。また、弾力性や保湿効果を高める役割を担っています。

毛皮質（コルテックス）
毛の大部分を占め、フィブリル（ケラチン線維の集合体）とマトリックスという細胞で構成され、メラニン色素を多く含んでおり、毛の色はその量によって決まります。毛皮質が厚いほど毛は硬くなります。また、毛皮質は、毛の柔らかさ、しなやかさ、強さなどの性質を左右します。

毛小皮（キューティクル）
角化した撥水性で扁平、無色透明のケラチン細胞が5〜8枚に重なり、外部の刺激からまつ毛内部を守っています。独特の光沢を持ち、毛にツヤを与えています。

皮膚の構造

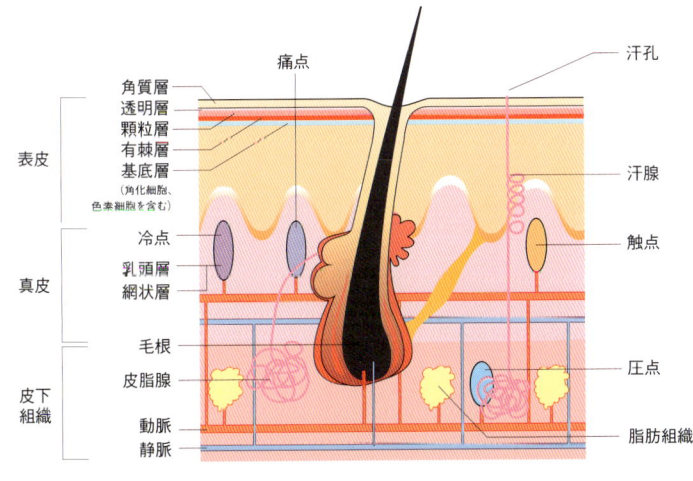

皮膚の構造
皮膚の総面積は、成人で約1.6㎡、厚さは平均2.0〜2.2ミリ、重さは体重の約16％を占め、体のすべてを覆っています。そして体の部位によって厚みが変わり、顔の皮膚が一番薄く、特に目の周りの皮膚が最も薄いといわれています。

構造は、表皮（角質層・透明層・顆粒層・有棘層・基底層）、真皮（乳頭層・網状層）とあり、その下に皮下組織（毛根・動脈・静脈・脂肪組織）があって、血液とリンパ液によって栄養素が運ばれます。その他に、皮脂腺、汗腺、毛、爪など、皮膚の付属器官があります。主な働きとして、休温調整、皮脂の分泌作用、汗腺からの排出作用、毛穴の吸収作用と呼吸作用などがあります。皮膚が体中を覆うことによって、ケガやバクテリアから身を守ったり、血液や体液が外部に漏らさないように防御しています。

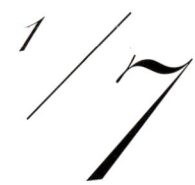

目と瞼の病気とトラブル

眼球部の病気

角膜炎
角膜が傷つくことによって、そこから細菌、ウィルス、真菌、ヘルペスウィルス、アカントアメーバーなどが付着し炎症を起こします。
- 点状表層角膜炎・真菌性角膜炎…ウィルスや細菌感染、ドライアイ、強い化学物質、紫外線によって、角膜の表面(上皮層)に小さな点状の傷がたくさんできる病気です。真菌による角膜感染症を真菌性角膜炎といいます。
- アカントアメーバ角膜炎…アカントアメーバという微生物が原因で起こる角膜感染症です。

角膜ヘルペス
- 上皮型…単純ヘルペスというウィルスが角膜の表面に木の枝のような特徴的な形の潰瘍をつくります。
- 実質型…単純ヘルペスというウィルスが角膜の深部をおかし、実質層が濁ってきます。

角膜びらん
角膜の表面の上皮が部分的にとれた状態を「びらん」といい、角膜の表面を浅く擦りむいた状態です。

角膜潰瘍
細菌、真菌、単純ヘルペスなどでも起こりますが、最も多いのが細菌性角膜潰瘍です。角膜の一部がえぐれた状態(物質欠損を生じた状態)になったものです。

緑内障
視力が低下したり、場合によっては失明する場合がある病気です。眼圧が上がることによって、網膜で感じ取った光の情報を脳へ送っている視神経障害が冒されたことが原因です。急性緑内障発作として発症するタイプは突然眼圧が上がり、激しい眼の痛みや頭痛、吐き気を生じ、眼は充血してかすみ、時間が経つほど失明する危険度が高くなるので、すぐ治療をし眼圧を下げる必要があります。
慢性に経過するタイプは、正常よりやや眼圧が高い状態が続き、徐々に視野が狭くなり、視力も低下し最悪の場合は失明してしまいます。自覚症状がないことが多く、たまに頭が痛かったり、目が痛いという程度です。これに対して、眼圧が正常にも関わらず、視神経障害を起こすものを正常眼圧緑内障といいます。

まつ毛、瞼の病気

睫毛内反(しょうもうないはん)
睫毛乱生(しょうもうらんせい)
眼瞼内反症(がんけんないはんしょう)
いわゆる逆まつ毛のことをいいます。本来外向きに生えて眼球には触れないまつ毛が、まぶたが内向きにまくれ込んでいたり、まぶたには関係なく、毛根からまつ毛の生え方が眼球側を向いて角膜や結膜に当たり、痛みや充血、目やに、涙が出る、結膜炎、角膜炎を引き起こします。それが原因で視力が低下することもあります。先天性の場合と後天性の場合があります。

眼瞼炎(がんけんえん)
まぶたの炎症性疾患で細菌・ウィルス感染による感染性のものと、アレルギーやアトピーによる非感染性のものがあります。瞼の皮膚に起こる眼瞼皮膚炎、まつ毛の付け根あたりに起こる眼瞼縁炎、目尻に起こることが多い眼角眼瞼炎、これらの総称を眼瞼炎といいます。

眼瞼皮膚炎(がんけんひふえん)
まつ毛エクステンションや、グルーなど外的物質が原因で起こる皮膚のアレルギー性炎症で、まぶたの皮膚に起こる炎症です。

眼瞼縁炎(がんけんえんえん)
ブドウ球菌という細菌がまつ毛の毛根や脂腺、汗腺に感染して起きる化膿性のものと、皮脂腺の分泌過剰による非感染性のものがあります。

結膜炎(けつまくえん)
- アレルギー性結膜炎…粘膜に花粉、動物の毛やフケ、ダニやカビ、コンタクトレンズの汚れが粘膜に付着した時などに炎症が起きます。

季節性アレルギー性結膜炎…さまざまな植物の花粉がアレルゲンになり、毎年同じ季節に起こるアレルギーです。
通年性アレルギー性結膜炎…ダニやハウスダストが原因で起こるアレルギーで、季節に関係なく1年中症状が現れます。

- ウィルス性結膜炎…ウィルス感染による結膜炎で、はやり目と呼ばれ、流行性角結膜炎、咽頭結膜熱(プール熱)、急性出

血性結膜炎などがあります。
- 細菌性結膜炎…黄色ブドウ球菌、表皮ブドウ球菌、肺炎球菌、ヘモフィルス菌など細菌が原因で発症します。一般的には、急性カタル性炎症を起こすものが多いです。

麦粒腫（ばくりゅうしゅ）・ものもらい
細菌が感染して起こる急性化膿性炎症です。俗に、ものもらいと呼ばれています。
- 外麦粒腫…まつ毛の根元付近にあるまつ毛脂腺や、まつ毛汗腺に起こる炎症です。
- 内麦粒腫…マイボーム腺に起こる炎症です。

霰粒腫（さんりゅうしゅ）
マイボーム腺が詰まり脂肪分が溜まって、慢性の炎症が起こる病気です。現在、原因は分かっていませんが、時には細菌が感染して、急性炎症（急性霰粒腫という）を起こすことがあります。

眼瞼下垂（がんけんかすい）
動眼神経が障害され上眼瞼挙筋の麻痺や発育不全、瞼板筋を支配している交感神経の障害によって、まぶたが開きにくく、垂れ下がります。

兎眼（とがん）
まぶたが完全に閉じなくなってしまった状態を兎眼といい、原因はまぶたの火傷や傷あと、けがや欠損、眼の腫瘍などにより眼球が突出したり、顔面神経の麻痺や、睡眠時のみに起きる生理的なものがあります。

皮膚疾患

接触性皮膚炎
一般的にカブレといい、急性皮膚疾患のひとつです。
- 一次刺激性接触皮膚炎…原因となる作用の強い酸やアルカリなどの化学物質、毒性のある植物や昆虫、肌質に合わない化粧品、有害な太陽光線などを接触毒といい、量や濃度、接触時間によってカブレや炎症反応の程度が異なります。
- アレルギー性接触皮膚炎…アレルゲンに対して抗体を持っている人にのみ起こり、1度の接触では起こらず何度か繰り返されるうちに起こります。一次刺激性皮膚炎と異なり量的反応ではなく、質的反応を起こします。

ラテックスアレルギー…ゴムの木の樹液に含まれるたんぱく質が原因です。ラテックス製品（天然ゴム）製品に接触すると蕁麻疹や、アナフィラキシーショック（即時型アレルギー）を起こすことがあります。また、天然ゴム製品の製造過程で使用される薬品によってカブレや赤い腫れ、かゆみが起こる（遅延型アレルギー）ことがあります。
アルコールアレルギー…アルコールに対してアレルギーがあり、カブレやすい人は赤発、かゆみ、かぶれ、発疹などの症状が出ます。
金属アレルギー…ニッケル、コバルト、クロムなどアレルゲンは人によって様々で、カブレ、かゆみ、発赤などの症状が出ます。
コンタクトレンズアレルギー…コンタクトレンズに付着したゴミやタンパク質などの汚れ、消毒液によるアレルギーです。
点眼薬アレルギー…目薬の成分そのものや、中に含まれている防腐剤がアレルゲンとなります。

涙器・涙腺の病気

鼻涙管の閉鎖や狭窄
鼻涙管の一部が閉塞や狭窄が起きる病気です。先天的鼻涙管閉塞は新生児によく見られ、後天的鼻涙管閉塞は原因不明ですが、感染や炎症などが原因となることがあります。鼻涙管狭窄は、鼻疾患から上行性に、また結膜疾患から下行性に生じることもありますが、老年性退化により起こる場合が多くなります。

慢性涙嚢炎
鼻涙管閉塞や狭窄により、涙嚢に涙液や粘液などが溜まり細菌感染し生じる病気です。また、涙嚢から細菌が外へ出て広がり、急激に悪化することを急性涙嚢炎といいます。

涙腺炎
細菌感染によって涙腺に炎症を起こします。片側性または両側性に起こり、涙腺部に腫脹した圧痛を伴う急性涙腺炎と、両側性のことが多く、腫瘤を触れ、時に圧痛を伴う慢性涙腺炎があります。

シェーグレン症候群
涙液、唾液などの分泌の低下から、乾性角結膜炎、口内乾燥症、結合組織疾患を3大主徴とする慢性疾患です。自分の体の成分に対して免疫反応を起こす自己免疫異常が関与し、他に遺伝的要素、ウィルスなどの環境要因、女性ホルモンの要因が原因に挙げられます。

衛 生

安心で安全なまつ毛エクステ施術を提供するためには、
衛生面で衛生管理を徹底することはとても重要なことです。行き届いた清掃、照明・換気状況、
用具用材のメンテナンス、そして、技術者自身の清潔さ、適切な手指の消毒、
お客様に対しての配慮など衛生管理の対象は広範囲に渡ります。
まつ毛エクステは、お客様の目元に直接触れて施術をするので、施設・設備、器具、
人に対しての衛生に関する配慮を徹底しましょう。

施設・設備の衛生管理

- 1日1回以上清掃し、壁や床、天井は常に清潔にして、ネズミや害虫が存在しない、衛生上支障がないように保つ。
- 排水口は絶えず清潔に心がけ、スムーズに排水されるように廃棄物や汚物によって支障がないように1日1回以上清掃する。
- 施設内に、補助犬を除きペットを入れないようにする。
- 採光、照明、換気は適正で良好な状態を常に保ち、手入れ、清掃、定期点検を行う。
- トイレは壁によって施術室と区別され、手洗い設備を設ける。手洗い設備は、石鹸や消毒液を備え、常に使用できるように整え、清潔を保持する。
- 施術室は、施術を受けるお客様以外の人を必要がない場合は、出入りさせない。
- 外傷に対する救急処置に必要な薬品や衛生材料は、常に使用できるよう備えておく。

施術者の衛生管理・心得

- 施術を始める前に、施術室を清掃する。
- 電気器具を使用する場合は、使用前に安全性を確認し、使用中も注意を怠らない。
- 作業中は、清潔で汚れの目立ちやすい色を着用し、体臭や口臭のないように常に清潔を保つ。施術時には、清潔なマスクを使用すること。
- 感染を防ぐために、施術前後は、手指の洗浄、消毒を行う。
- 手指に手荒れや傷があると病原体に感染する可能性が高まります。万が一、感染の恐れがある伝染性の疾患※にかかった場合は、業務につかないこと。※トビヒ、イボ、爪及び手の白癬等
- 施術中の廃棄物は、お客様一人ごとに片付け、蓋付き専用容器に入れて適切に処理を行う。

器具・用具

- 器具やお客様一人ごとに汚染するものは、その度に消毒した清潔なものを使用し、使用後は必ず洗浄・消毒をする。
- 器具、備品の安全性の点検を行い、正しく使えるように準備する。
- 皮膚に接するタオルや器具は、お客様一人ごとに消毒し、作業中も必要に応じて消毒する。
- 施術に使用するグルー、リムーバーの保管方法を正しく配慮する。
- 器具、用具類により消毒方法が多少異なるが、洗浄⇒消毒⇒乾燥⇒保管まで管理する。
- 洗浄済み、及び消毒済みの器具類と、使用済みの未消毒の器具類とを区別して管理する。

まつ毛エクステのための消毒

消毒とは、主に病原微生物を殺すか、または、除去して感染力をなくすことをいいます。対象物に存在している病原性のある微生物を害のない程度までに減らすことを目的に行います（芽胞を除く）。重要なのは、病気の感染力をなくすことで、技術者が病気の媒介人にならないために消毒の徹底が大切です。

洗浄
消毒や滅菌の前に行う最も基本的な衛生処置

滅菌
病原微生物のみでなく、あらゆる微生物を殺すか、または除去して、微生物が存在しない状態にすること

殺菌
微生物を殺すこと。サロン内で行うことはありません

防腐
微生物を殺さないまでも、その繁殖や作用を止めて目的物の腐敗を防ぐ

消毒
主に病原微生物を殺すか、または除去して感染力をなくすこと。対象物に存在している病原性のある微生物※を、害のない程度までに減らすことを目的に行う

※病原微生物には、細菌（一般細菌、黄色ブドウ球菌、緑膿菌など）、真菌（カビ、白癬菌、カンジダなど）ウイルス（イボウイルス（ヒト乳頭腫ウイルス）、ヘルペスウイルスなど）、芽胞（最近芽胞）がある。

消毒方法

消毒方法は、物理的な方法と化学的な方法に分けられます。

物理的消毒方法

熱エネルギーや光エネルギーを用いて行う消毒です。

	消毒方法	対象微生物	使用方法
物理的	紫外線	一般細菌、結核菌、真菌、ウイルス等	85uw／㎡の消毒器で連続して20分間以上照射
	煮沸	一般細菌、結核菌、真菌、ウイルス等	器具投入後、沸騰してから2分間以上煮沸
	蒸気	一般細菌、結核菌、真菌、ウイルス等	80℃以上で10分間以上蒸気に当てる

化学的消毒方法

化学薬品等の消毒液を用いて行う消毒です。コットンやガーゼに含ませて消毒するモノの表面を拭き取る「清拭」と、規定の濃度の消毒液に規定の時間以上消毒するモノを浸す「浸漬」の方法があります。

	消毒方法	対象微生物	使用方法
化学的	エタノール	一般細菌、黄色ブドウ球菌、緑膿菌、結核菌、真菌、HIVウイルス等	76.9～81.4％の水溶液に10分間以上浸すか、清拭する
	次亜塩素酸ナトリウム	一般細菌、黄色ブドウ球菌、緑膿菌、真菌、ウイルス等	0.01～0.1％の水溶液に10分間以上浸す
	逆性石鹸	一般細菌、真菌	0.1％以上の水溶液に10分間以上浸す
	グルコン酸クロルヘキシジン	一般細菌、真菌	0.05以上の水溶液に10分間以上浸す
	両性界面活性剤	一般細菌、結核菌、真菌	0.1％以上の水溶液に10分間以上浸す

器具類の保管方法

● 器具類は、洗浄、及び消毒済みと未消毒（使用中）の物を区別して、収納ケース等に保管する。

薬品類、グルー、リムーバー、前処理剤等の保管方法

● 火気厳禁
● 保存時密栓
● 直射日光を避けた涼しい場所
● 高温多湿を避ける
● 保管数量を過剰にしない

サロンにおける一般備品消毒法

消毒剤＼品名	ワゴン・イス	ドライヤー	ツイザー	ハサミ	クシ	ブラシ	皿	タオル	手指
蒸気							○	○	
煮沸							○	○	
紫外線					△	△	△		○
両性界面活性剤	○	○	○	○	○	○	○	○	○
グルコン酸クロルヘキシジン	○	○	○	○	○	○	○		
逆性石鹸	○	○	○	○	○	○	○	○	○
次亜塩素酸ナトリウム	○		×	×	○	○	○	○	×
エタノール		△	○	○	△	△	○		○
洗剤洗浄	※1	※1	※1	※1	洗剤除去				

○ 適している
△ あまり適していない
× 適していない

※1 丸洗いできない物は、洗浄液を噴霧後に拭き取るか、または洗浄をコットンガーゼに染み込ませて拭く。

アイラッシュサロンの衛生管理チェックシート

サロンでの衛生状態を常に管理するために、チェックシートを作成して定期的に確認しましょう。

アイラッシュサロン衛生管理チェックシート

サロン名：
衛生管理責任者 氏名：
　　月　　日
No.

項目		内容	点検月日（月／日）
施設および設備	清掃（2～4には石鹸、消毒液などを備える）	1 作業場	
		2 手洗い設備	
		3 器具等の洗い場	
		4 トイレ	
		5 廃棄物の適正な処理	
	点検および管理（6～8は定期的な電気機器の点検と清掃を含む）	6 適切な換気	
		7 照明・採光	
		8 快適な室温と湿度	
		9 揮発性用材等の管理（グルー、消毒液など）	
消毒	消毒	10 使用済み器具類の適正な消毒	
		11 使用済みタオル等の適正な消毒	
		12 お客様一人ごとの衛生措置	
	管理	13 器具類・タオル等の適正な保管	
		14 消毒液の適正な管理	
		15 紫外線消毒機器等の適正な管理	
従業者	身だしなみ・健康チェック	16 清潔な外衣・マスクの着用と身だしなみ	
		17 健康状態（感染性疾患要チェック）	
		18 適切な手指の衛生措置	

施術準備

サロンワークに適した
道具と商材を揃えましょう。

Chapter 2

セッティング

実際の施術に必要な道具と商材です。

1 ライト
細かい作業をするので、手元を明るく照らす

2 つま楊枝
グルーの溜まりを取る時、リムーバーを除去するのに使用

3 ペーパー
グルーのキャップの口拭き。繊維が付かないコピー用紙が向いている

4 スクリューブラシ
主に仕上げの時にエクステを整える

5 エアブロア
グルー・前処理剤を乾燥させる

6 ツイザー
まつ毛やテープを挟むピンセット

7 金属コーム
1本、1本装着されているか、コーミングして確認する

8 はさみ
エクステやテープを切る時に使用

9 ステリライザー
消毒済みと使用中のツイザー入れ

10 エタノール
手指、器具の消毒液

11 精製水
前処理やリムーブ時に使用

12 マイクロスティック
前処理やリムーブ時に使用

13 綿棒
前処理やリムーブ時に使用

14 コットン
前処理やリムーブ時に使用

15 前処理剤 油分や汚れを落とす

16 汚物入れ

17 グルー用トレー グルーをのせる台

18 リムーバー用トレー
リムーバーをのせる台

19 グルー
エクステを付ける接着剤
（左／エチル、右／ブチル）

20 ラッシュトレー
ばらのエクステをのせるための台

21 エクステばらタイプ

22 エクステシートタイプ

23 クリームタイプリムーバー
オールリムーブ向き

24 ジェルタイプリムーバー
ポイントリムーブ向き

25 サージカルテープ
下まつ毛、瞼を固定するテープ

26 紙テープ
サージカルテープに重ねる

27 マスク
衛生上、また、お客様に不快感を与えないための必需品

〈 道 具 紹 介 〉

エクステンション
ばらタイプ
素材は、P.B.T（ポリブチレンテレフタレート）

エクステンション
シートタイプ
ばらを両面テープで並べたもの

エクステンション
カラータイプ
カラーバリエーションは豊富

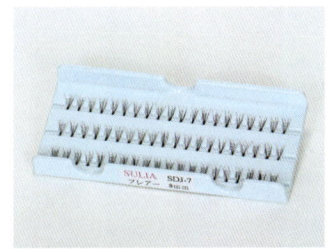
エクステンション
フレアタイプ
1本が数本の束になっている

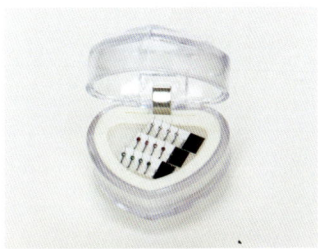
ラインストーンエクステンション
ラインストーンが付いている

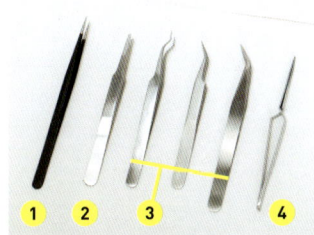
ツイザー
1 ストレートタイプ／かき分け用
2 先丸タイプ／テープ用
3 先が細いカーブタイプ／エクステ用
4 クロスタイプ／エクステ用

トレー
1 リムーバー用
2 グルー用／後処理しやすいようにホイルでトレーをくるんでいる

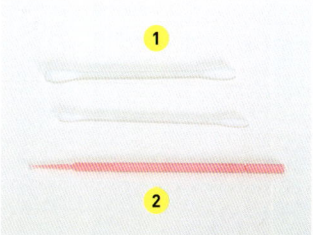
1 綿棒（上／通常、下／ベビー用）
2 マイクロスティック

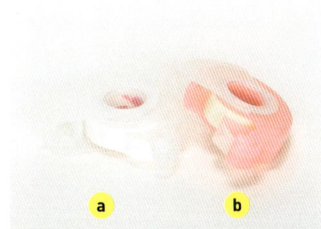
テープ
1 サージカルテープ
2 紙テープ
直接肌に貼るので医療用を使用し、ホコリなどがつかないようにケースなどで保管する

メガネタイプの拡大レンズ
手元を拡大して、細かい作業をしやくする

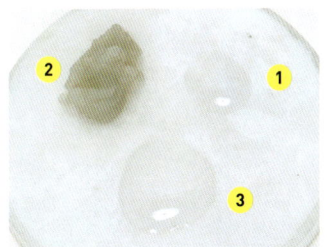
リムーバー
1 ジェルタイプ／ポイント向き
2 クリームタイプ／オール向き
3 リキッドタイプ／ポイント向き

前処理剤
1 アルカリイオン水
2 発酵アルコール
3 電気分解アルカリイオン水

〈 グルーの種類 〉

名称	特徴	用途
メトキシエチルシアノアクリレート　エトキシエチルシアノアクリレート	無臭、持続性・低	化粧品用、プラスチック、ゴム製品
ブチルシアノアクリレート　オクチルシアノアクリレート	低臭、医療用グレード、柔軟性がある、持続性・中	医療用、医療現場
エチルシアノアクリレート　メチルシアノアクリレート	臭いは強い、硬化後硬い、持続性・高	工業用、金属

※ホルムアルデヒド／グルー装着時に発生する気体。シアノアクリレートが水分に反応して硬化する際に発生し、目や鼻に刺激性がある。液化するとホルマリンになる。シックハウス症候群の原因の一つで、長期間吸引し続けると発がん性の恐れがある。

まつ毛エクステの
カール、太さ、長さの種類と特徴

お客様の希望する目元をデザインするためには、カール、太さ、長さの種類と特徴を把握しておくことが大切です。

〈 カール 〉

| J | B | L | C | D | LD |

カールの強さは、
J＞B＞L＞
C＞D＞LD
の順に強くなっています。

J カール
カール度合いが一番弱く、ナチュラルな仕上がりになります。
多めの本数を付けるとセクシーでゴージャスな目元を演出できます。また、部分的に付ける場合は、目尻だけを J カールにするとたれ目効果もあります。

B カール
J カールと C カールの間のカール度合いで、カワイイ感じの印象に仕上がります。
自然でありながら、キュートな目元の演出効果があります。

L カール
J カールの装着面の広さと C カールのカール度を併せたエクステです。目元を強調させるというよりもナチュラルな印象を与えます。

C カール
B カールよりもカール度が強くなり、ビューラーで立ち上げたような仕上がりです。地まつ毛が下向きに生えている人でも、C カールでゴージャスな目元に変身できます。また、部分的に付ける場合は、中央を長めにすることでバッチリ目のキュートな目元を演出できます。

D カール
カール度が強く、根元から毛先までのラインが半円になるほど強くカールがかっています。通常のまつ毛の人が付けると大げさなカールになってしまうので、アクセントで付けたり、地まつ毛が下向きに生えている人や、特別な用途で使うことが多くなります。

LD カール
根元がストレートになっていて、毛先が強い D カールになっています。瞼の形や下向きに生えているまつ毛のため、カールを綺麗に出せなっったタイプにオススメです。

〈 太さ 〉

| 0.1 | 0.12 | 0.15 | 0.18 | 0.20 | 0.25 |

現在、主流となっている太さは、0.1mm、0.12mm、0.15mm、0.18mm、0.2mm、0.25mm の6種類です。

0.1mm
ナチュラル感重視なら、地まつ毛への負担が一番少ない太さです。ボリュームを出したい場合には不向きです。

0.12mm
地まつ毛に近い太さで、日本人の平均的な太さです。

0.15mm
本数が少ないとナチュラルな印象に。多いと自然なボリューム感が出ます。まつ毛エクステサロンでは、一番人気のある太さです。

0.18mm
程よい太さで、マスカラを1回塗った程度の印象になります。

0.20mm
インパクトのある目元に。10代、20代の若い人達に人気があり、まつ毛の存在感を放ちます。

0.25mm
かなりボリューム感のある目元に。つけまつ毛を使用していた方など、こってりした目元が好みのタイプに適しています。ただし、太い毛質のため負担が大きくなるので、地まつ毛がデリケートなタイプにはあまりおすすめできません。

〈 長さ 〉

| 5 | 6 | 7 | 8 | 9 | 10 | 11 | 12 | 13 | 14 | 15 |

長さは、
5mm～15mm まで
1ミリ単位で
長くなります。

5mm～7mm
主に下まつ毛に装着します。

8mm～10mm
日本人の平均的な長さと馴染むので、ナチュラルな印象になります。

11～13mm
日本人の平均的な長さよりも長くなるので、バッチリした外国人風な目元の印象になります。

14mm～15mm
まつ毛の存在感が出るので、パーティーやウエディングなど特別なシーンで使うことが多くなります。

基本
テクニック

イメージ通りの
デザインをつくるために必要な
ベーシックテクです。

Chapter 3

姿 勢

基本的には、施術しやすい姿勢でかまいません。
あまりお客様に覆いかぶさる感じにならないように、
ある程度背筋を伸ばして施術しましょう。

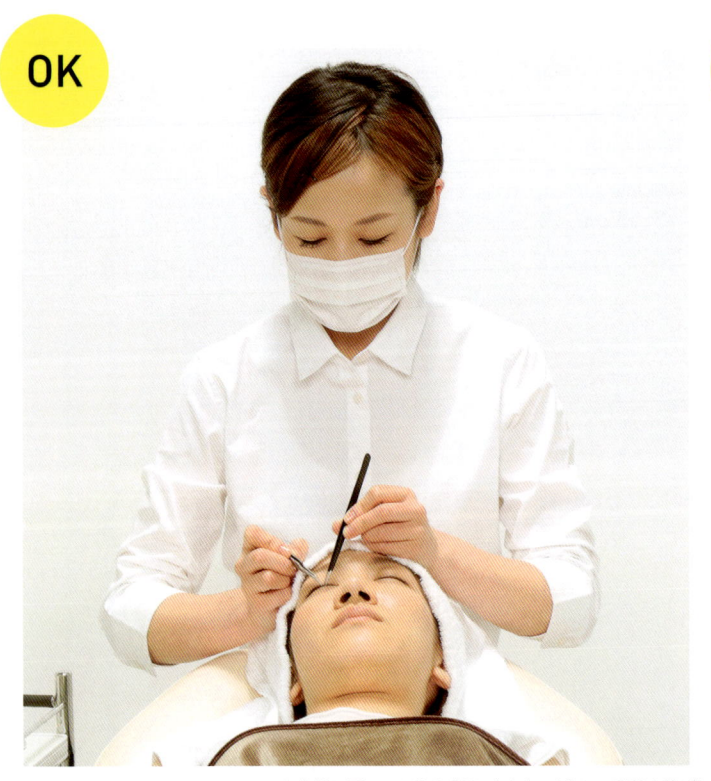

お客様に覆いかぶさる感じにならないように、背筋を伸ばして施術しましょう。手元は、額のタオルに軽くつけて安定させます。
※下向きのまつ毛の場合は、やや覆いかぶさる姿勢になります。

額のタオルから手が浮いてしまうと、手元が安定しません。

上まつ毛の装着では、ツイザーがお客様の眼球に向かないようにしましょう。
また、額のタオル以外に触れないようにしましょう。

持ち方・指手消毒・テープの準備

〈 持ち方 〉

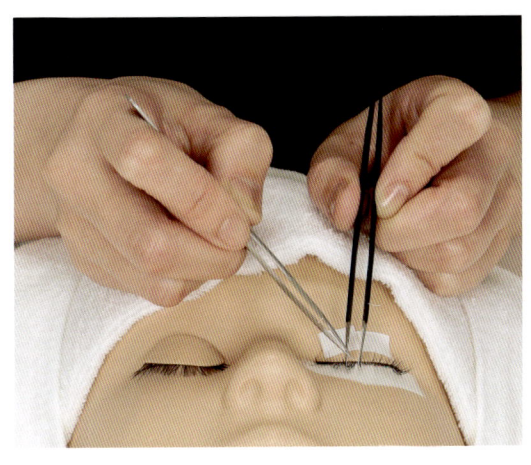

ツイザーの持ち方
ツイザーは、中指を土台に、親指と人差し指の2本でペンを持つように軽く握ります。

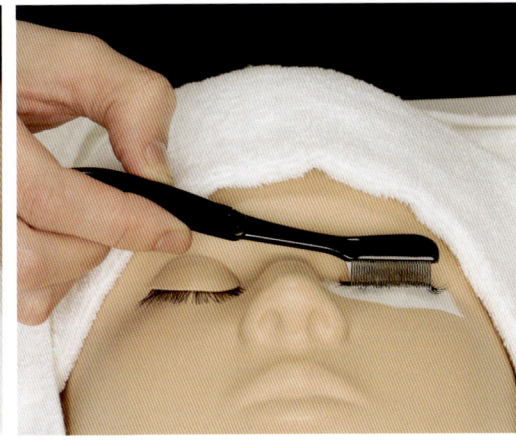

金属コームの持ち方とコーミング
根元の装着部分の下から毛先に向かって、歯を立てた状態でコーミングします。

〈 指手消毒 〉

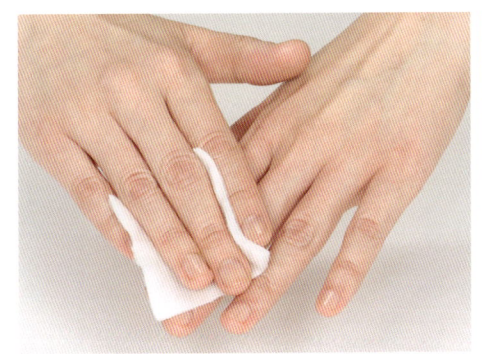

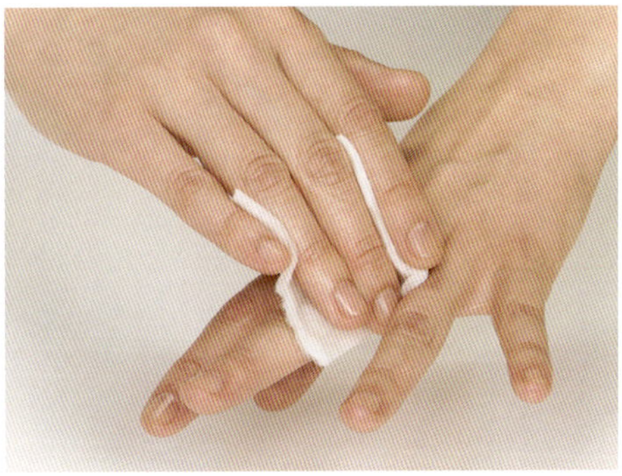

コットンに医療用のエタノール等を含ませて、手の甲、手の平、指先、指の間の全部を丁寧に拭き取ります。施術ごとに行うことなので、アルコールに弱い皮膚の技術者は、使用する消毒液を皮膚に合ったものを選び、手荒れを防止しましょう。

〈 テープの準備 〉

施術前に使用する分のテープを切って、端をワゴン等に貼っておきます。スムーズに施術が進むように準備しておきましょう。

補助テープと
アンダーテープの装着

上まつ毛の施術中に、下まつ毛にグルーがつかないようにするためにテープを貼ります。
補助テープとアップテープは、必要な部分に必要な枚数だけ貼りましょう。
特に、まつ毛が下を向いている場合や、テープが食い込みやすい目元に使用するので、お客様の目を見て判断します。

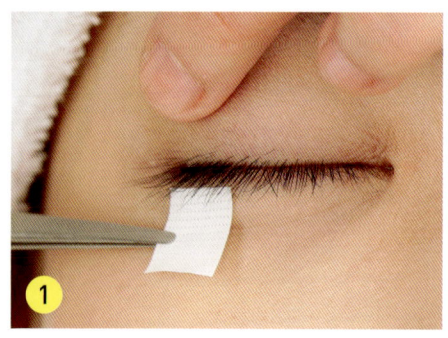

補助テープを持ったツイザーの先が眼球に向かないように持ち、テープを目尻の際から貼っていきます。この時、一度テープを綺麗に貼ったら、下から接着面が少し残るようにはがし、皮膚の表面だけ引っ張って目のラインを補正していきます

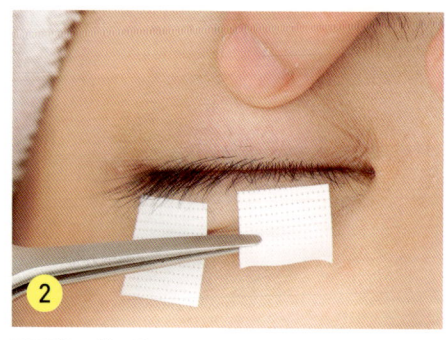

目頭側も同様に貼ります。目頭の際は形が大きくカーブしているので、この部分だけに貼ることもあります。

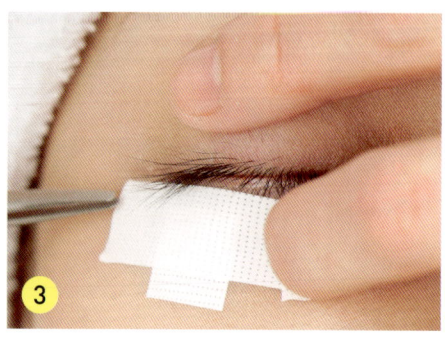

下まつ毛をサージカルテープで押さえます。この時に、目の粘膜にテープがかからずにまつ毛が見えないように。また、目を閉じたときにテープが食い込まないように注意しましょう。

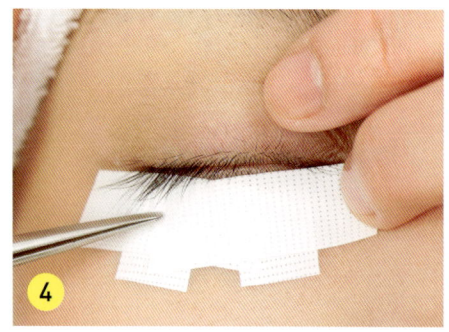

目頭側も同様に、下まつ毛を押さえます。この時に、目頭側にテープをオーバーラップさせることがポイントです。

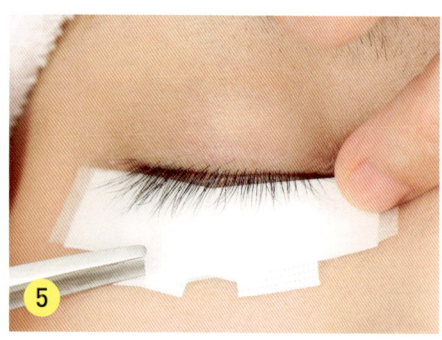

3と4で貼ったサージカルテープの上から、グルーが垂れても流れないように、表面がザラザラした紙テープを貼ります。まつ毛が見えやすい効果もあります。まず、目の際のテープはアンダーテープと同じラインで貼り、後ではがしやすいように、目尻、目頭は端をオーバーラップさせて貼ります。目頭も同様に貼ります。

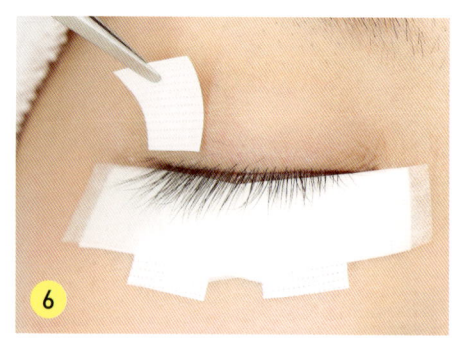

次は、アップテープを貼ります。補助テープと同様に、一度テープを綺麗に貼ったら、目の際まではがし、皮膚の表面だけ引っ張ってまつ毛を起こすように貼り直します。この時に、目が開いた状態にならないように横からチェックしましょう。ただし、まつ毛が上向きに生えている場合は、瞼が開くことがあるので貼りません。

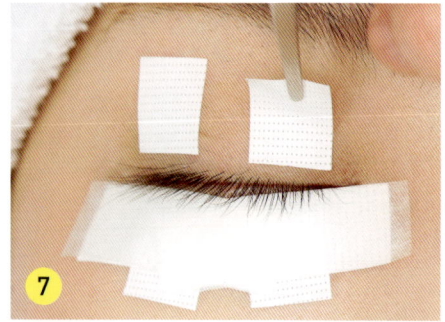

目頭側も同様に貼ります。補助テープとアップテープは、必要な部分に必要な枚数だけ貼りましょう。

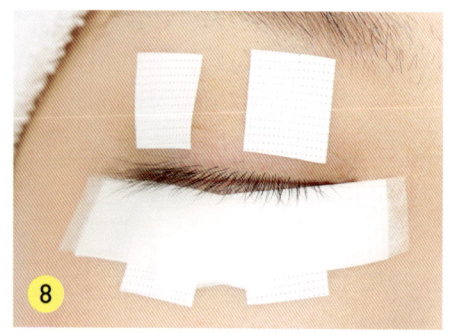

テープが装着されました。目が開いていないか、横から確認しましょう。

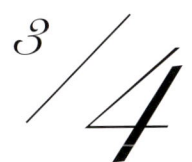

上まつ毛の前処理

まつ毛に付いているホコリ、油分、メイクの残りなど汚れを綺麗に落として、エクステの持ちを良くします。

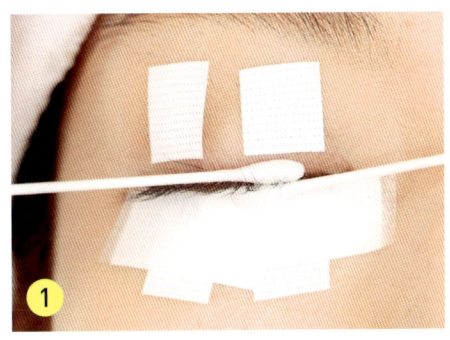

①　精製水で濡らした綿棒でまつ毛を挟み、根元から毛先に向かってまつ毛の汚れ（油分、ほこり、メイクの残りなど）を落とします。この時、まつ毛の上側からだけではなく、エクステをサイドや下側からも付けるので、1本の毛の360度をこするようなイメージで綺麗にしましょう。

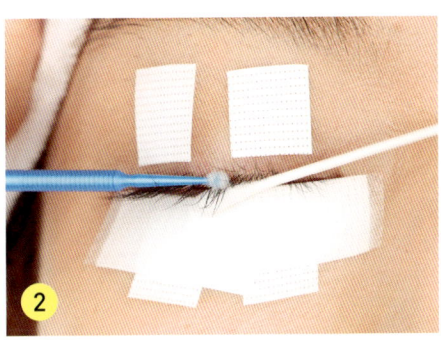

②　次に、新しい綿棒とマイクロスティックに前処理剤を染み込ませ、根元から毛先に向かってまつ毛の汚れを落とします。この時に、まつ毛の装着部分を重点的に綺麗にしましょう。衛生上、一度使用した綿棒やマイクロスティックは使い回さないようにします。

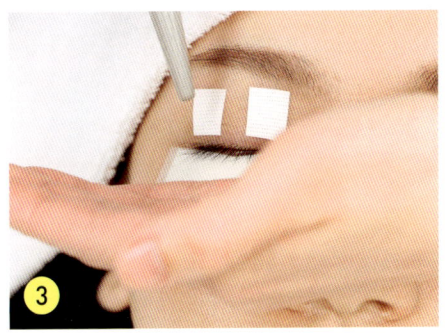

③　汚れを落としたら、ドライアップします。

グルーのつけ方

グルーの塗布量と塗布位置を理解しましょう。

OK　塗布位置／中央

表面は空気に触れて、硬化し始めています。
内側の空気に触れていない部分に、エクステを付けます。

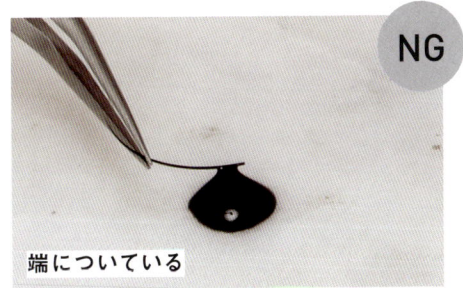

NG　端についている

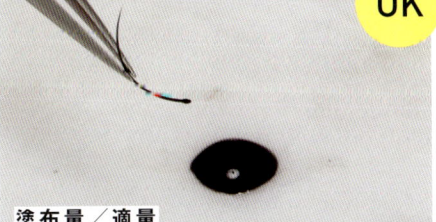

OK　塗布量／適量

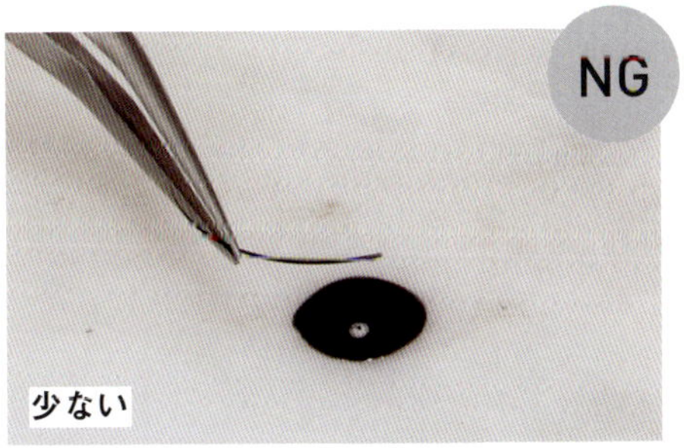

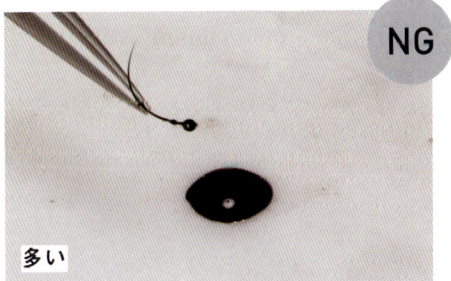

NG　少ない

NG　多い

大きなダマは量が多すぎて、隣のまつ毛にくっついてしまうので注意しましょう。

25

エクステンションの付け方

〈 スライド 〉

地まつ毛に乗せてから、少し上下に動かして馴染ませます。
硬化スピードが遅いグルーに向いています。

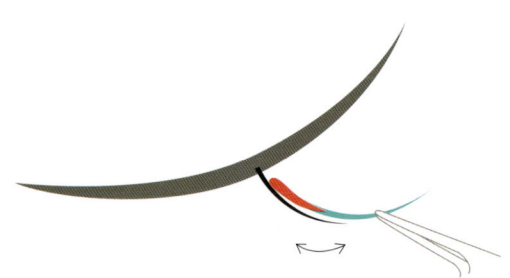

〈 点付 〉

エクステを初めに置いたところでキープします。
超速乾グルーは、この付け方が向いています。

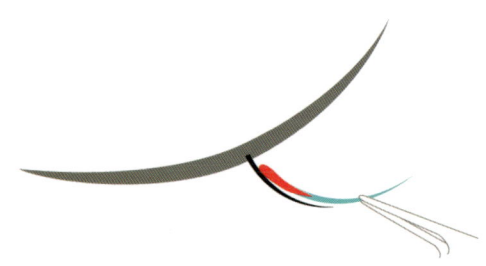

エクステンションの装着位置

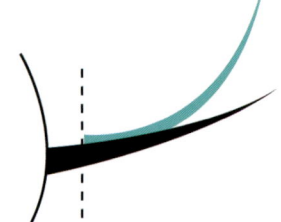 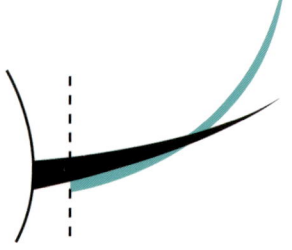 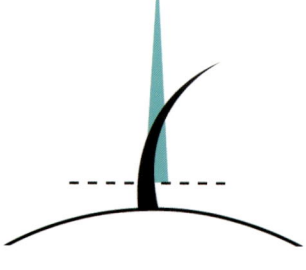

真上に付ける
地まつ毛の真上にエクステが装着されている状態です。

真下に付ける
地まつ毛の下に装着されている状態です。

横に付ける
横に流れている地まつ毛に対して流れている毛先側から付けて、毛流れを矯正します。

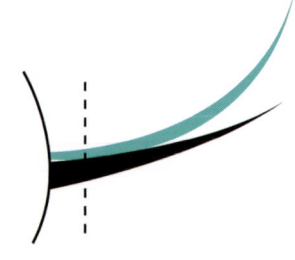 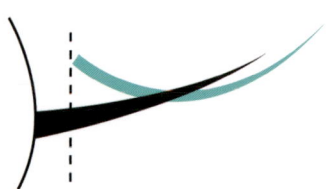 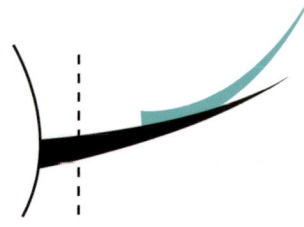

根元ギリギリにつける
グルーが肌に付くとアレルギー反応を起こす可能性があります。

根元が浮いている
取れやすくなります。また、瞬きをした時に目、瞼に当たりやすく、トラブルの原因にもなります。この状態を"リフト"といいます。

先寄り
毛先近くに付けると取れやすくなります。通常の仕上がりよりも長くなってしまいます。

シングルテクニック

基本的にまつ毛 1 本にエクステ 1 本を装着していきます。

1

左手のツイザーで、まつ毛を 1 本だけかき分けます。この時に、上瞼の皮膚にツイザーがつかないように、また下のアンダーテープにツイザーの先端が触れないように注意しましょう。

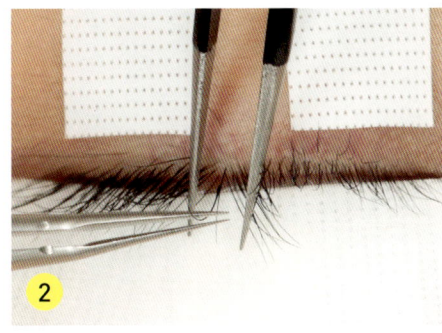

2

右手でグルーの付いたエクステを、1 のかき分けた位置に運び、根元から 1 ～ 2 ミリあけて装着します。

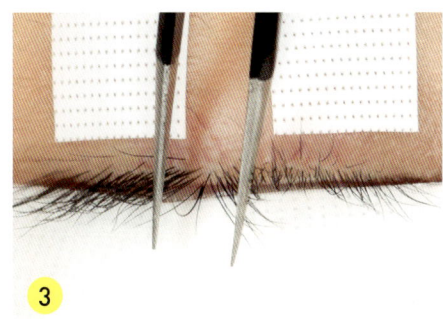

3

左手のツイザーをすぐに離してしまうと、グルーの表面が乾燥していないために隣のまつ毛にくっつくことがあるので、約 5 秒間ほど放置後、表面が乾いたことを確認してから左手のツイザーを離します。
まず、最初の 1 本目は、センターに装着します。

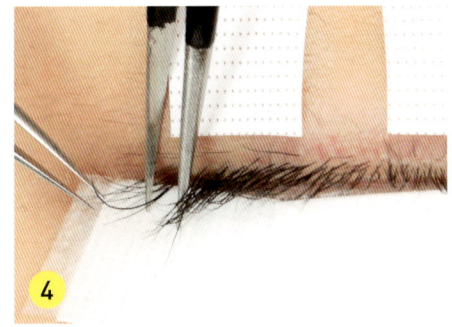

4

2 本目は、1 本目から離して目尻側に付けます。笑ったりした時に皮膚に付くのを防ぐために、目尻の端約 3 本を残して付けましょう。

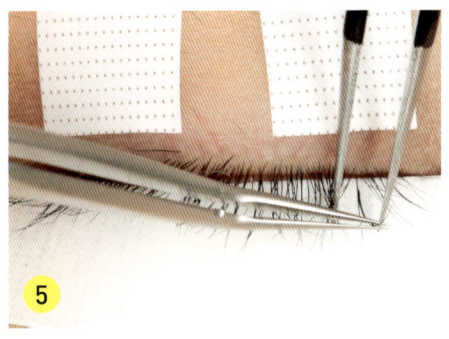

5

3 本目は、2 本目から離れた目頭側に付けます。目頭は神経が集中している部分で、眼ヤニなどの原因になる恐れがあるので、目頭から約 5 ミリ離して付けましょう。

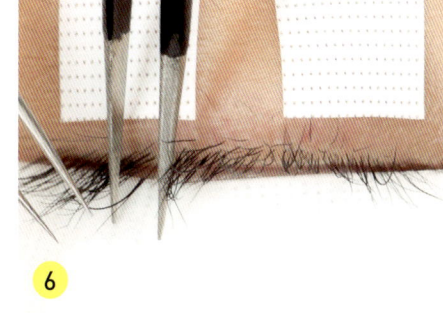

6

4 本目は、1 本目と 2 本目の間に付けます。

7

5 本目は、4 本目から離れた 1 本目と 3 本目の間に付けます。装着したてのまつ毛と遠く離すことで、くっつくのを防ぎます。初めの 5 本で、デザインのフレームをつくります。
※ 放置時間は、グルーの種類によって異なります。

ダブルテクニック DVD

シングルテクで装着されたまつ毛に、さらにエクステを付けて、
立体感やボリューム感を出します。

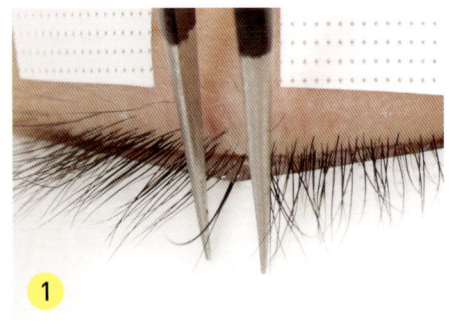

1 左手のツイザーで、エクステが付いた毛を1本だけかき分けます。

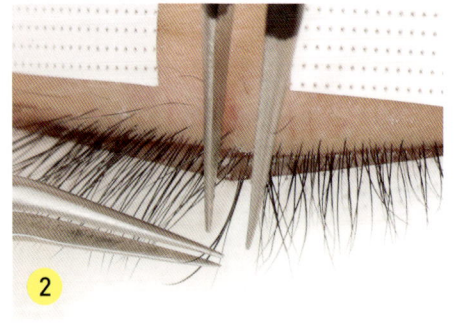

2 右手でグルーの付いたエクステを **1** の位置に運び、根元1～2ミリあけて、重ねて装着します。

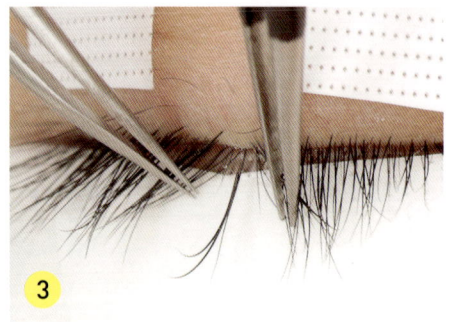

3 1本の装着同様に約5秒間ほど放置後、表面が乾いたことを確認してからツイザーを離します。

エクステの毛先の方向とツイザーの角度

エクステは、基本的には地まつ毛に沿って放射状に付けますが、毛流れを揃えるために、
毛先をやや目尻側に向くような角度でツイザーを持ちます。

目尻　　　　　目頭

左目装着の場合

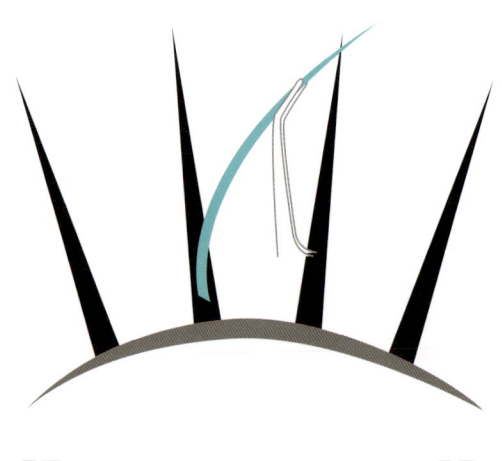

目頭　　　　　目尻

右目装着の場合

※イメージ図

下まつ毛のテープの装着と
エクステの装着

下まつ毛の装着テクと、その時に毛を見やすくするために必要なテープの貼り方です。

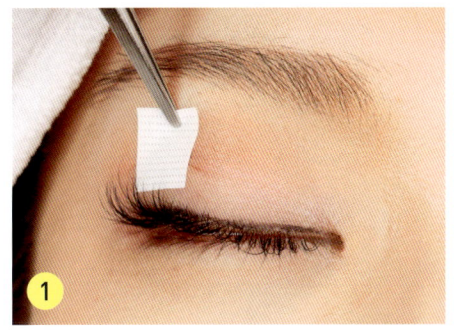

1. アップテープを貼って、下のまつ毛が見えやすい状態をつくります。まず、目尻側、次に目頭側に貼ります。

2. スクリューブラシに持ち替え、下まつ毛の下にサージカルテープが貼りやすいように、下まつ毛を起こします。

3. 次に補助テープで、下まつ毛を少し下側に引っ張ります。この時、アップテープと同様に目尻側→目頭の順番で貼ります。

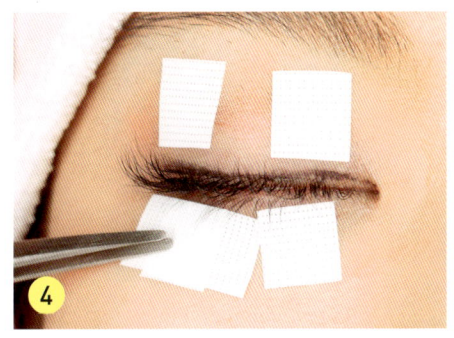

4. 補助テープが貼り終わったら、下まつ毛が見えやすいように、目尻側から下まつ毛の下にサージカルテープを貼ります。貼る順番は、目尻側→目頭側の順番です。

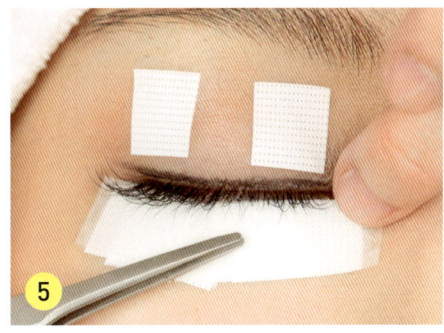

5. 上まつ毛と同様に、グルーが垂れても流れないように、表面がザラザラした紙テープをサージカルテープの上から貼ります。貼る順番は、目尻側→目頭側の順番です。上まつ毛と同様に、下まつ毛の前処理をしてから装着していきます。

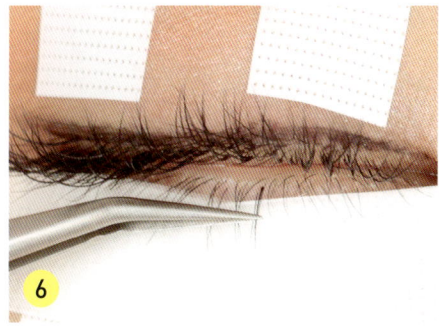

6. 装着は、ツイザーの先が眼球側を向かないように毛をつかみ、グルーを塗布したエクステを装着します。この時、上瞼を引っ張りすぎて目が開くと、目にグルーが沁みる可能性があるので、眼球は見えないように注意しましょう。

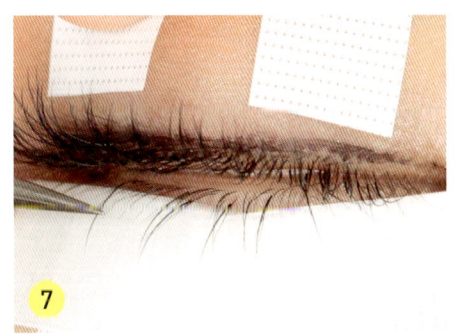

7. 上まつ毛同様、センター→目尻側→目頭側の順番で装着します。

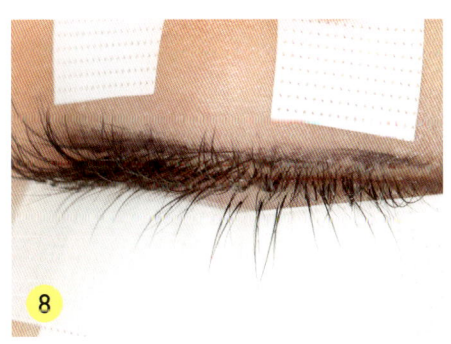

8. 装着が完了しました。

9. テープを外した状態です。装着後は、お客様に瞬きをしていただき、違和感がないかどうかを確認します。

オールリムーブ
エクステの落とし方

定期的にまつ毛をオフする時に使うテクです。リムーブの基本となります。

① コットンを2つに切り、

② 半円形になる様に2つに折り、端を精製水で濡らします。

③ 目のカーブに合わせるために、一方の端をひっぱり扇形にします。

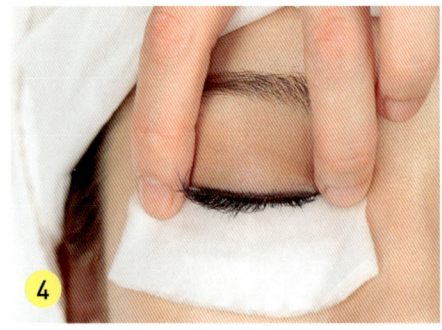

④ 下まつ毛を、精製水で濡らしたコットンで押さえます。この時、目尻と目頭の両端が浮かないように、指で押さえながら貼りつけます。

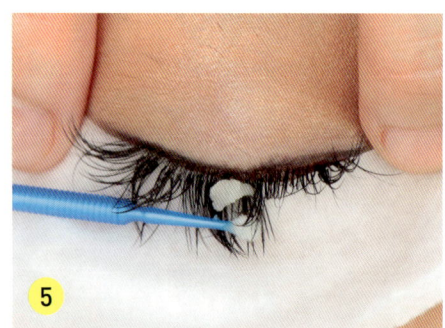

⑤ マイクロスティックで、クリームリムーバーを根元から1～2ミリ離れた装着部分にのせていきます。この時に、スティックを回転させると盛りやすくなります。

⑥ エクステの付いた根元ギリギリの部分にリムーバーが盛られた状態です。この時に、リムーバーが肌につかないように注意しましょう。

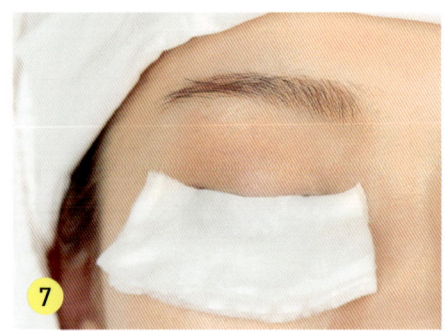

⑦ リムーバーは、水分に反応してリムーブ効果を発揮しやすいので、精製水で濡らしたコットンでまつ毛を挟み、5分～10分程度、放置します。

⑧ 放置後、コットンを取った状態です。⑥の固形状のリムーバーが少しクリーム状になっていれば、薬が毛に浸透しています。

⑨ まず初めに、つま楊枝を使って、根元から毛先に向かってリムーバーを除去します。

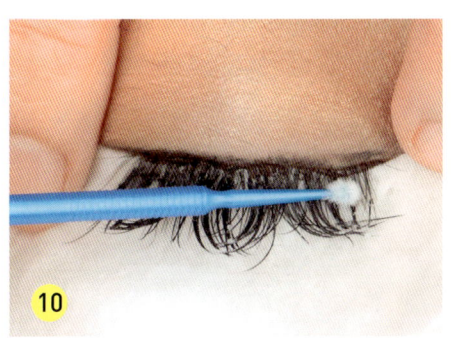
⑩ 綺麗に除去したら、マイクロスティックに持ち替え、根元1〜2ミリの装着部分を軽く叩き根元を起こします。

⑪ 外れたエクステは、マイクロスティックに引っ掛けて徐去します。

⑫ スティックで軽く叩いても外れないエクステは、先の尖っていないツイザーで軽く根元をひねって外します。この時、外れないエクステがあれば、再度リムーバーを塗布し、少し放置してから外しましょう。

⑬ まつ毛エクステをすべて外し終えたら、乾いた綿棒で、まつ毛から綺麗にリムーバーを徐去します。

⑭ 下まつ毛を押さえていたコットンを外し、精製水で濡らした綿棒で1本1本綺麗にします。

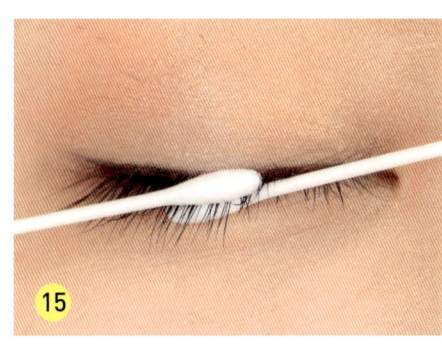
⑮ 綿棒を使用していない側に持ち替えて、水分を拭き取ります。

3/11 ポイントリムーブ

リペアなど、1本だけ取り外す場合のテクです。
サロンワークで主に使われるテクでもあります。

①使用する綿棒は、ツイザーを使って先を平らにしてから曲げ、少し窪みを作ります。

②まつ毛を乗せやすい形状にします。

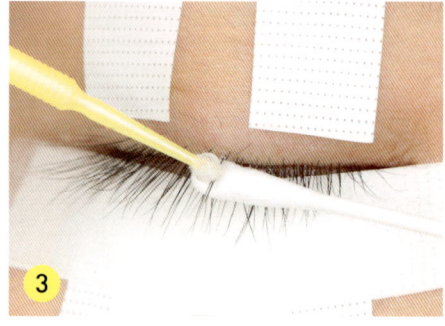

③エクステを外したい毛を1本選び出し、綿棒の上に乗せます。マイクロスティックの先にジェルリムーバーをつけ、綿棒の毛に押し当ててリムーブします。

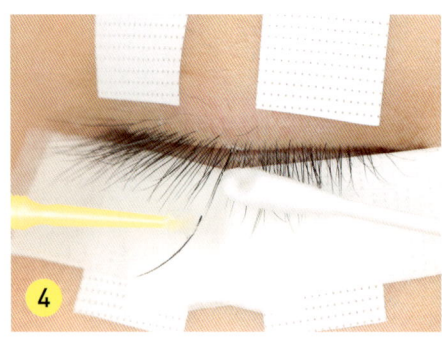

④1本外れた状態です。この時、マイクロスティックにくっつけたまま取り外します。

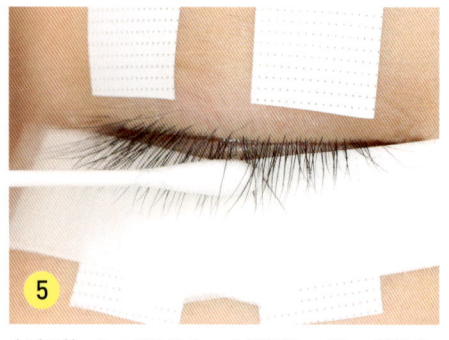

⑤右手に持ったマイクロスティックを破棄し、新しい綿棒で、左手の綿棒から右手の綿棒に乗せ替えます。

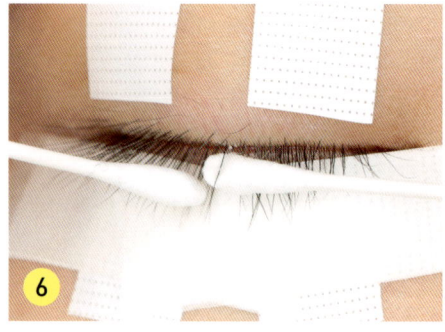

⑥左手の綿棒を使用していない側に持ち替え、右手で持っている毛を左手の綿棒に乗せ替えます。

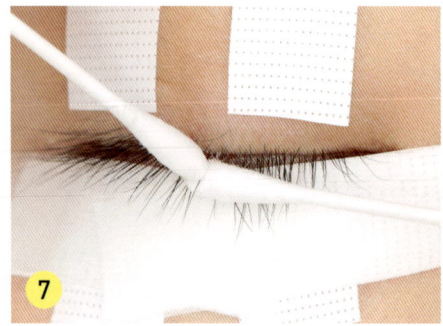

⑦右手の綿棒を精製水で濡らし、リムーバーを毛から除いていきます。

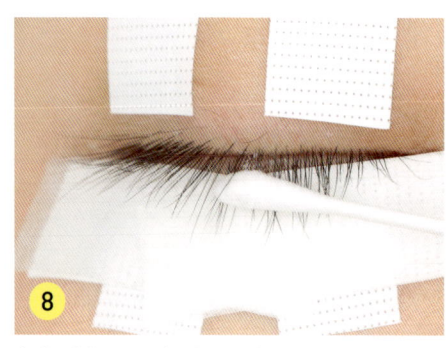

⑧左手の綿棒を180度回転させ、綺麗な面に乗せ替えます。

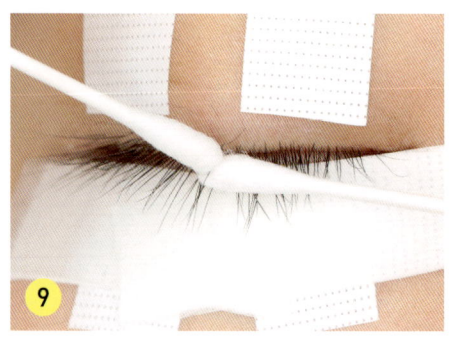

⑨右手の綿棒を使用していない側に持ち替え、前処理剤を染み込ませて前処理をします。

基本
デザイン

ナチュラル・キュート・
クール・ゴージャスの
4パターンにまとめています。

Chapter 4

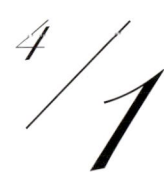

太さ・カールの形状・長さ・本数の違いによる印象変化

ここでは、エクステのタイプ、グルーの種類によって異なる印象の違いを
シンプルにまとめています。

太さの違い

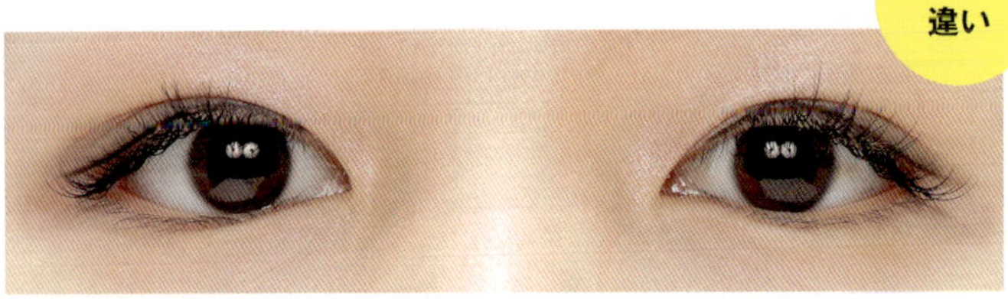

細い（0.1mm）
地まつ毛に近い太さです。ごく自然な目元の印象です。

中（0.15mm）
一番使用される太さです。マスカラを付けたような目に見えます。

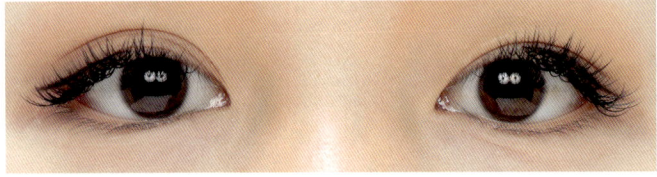

太い（0.2mm）
つけまつ毛を付けたような仕上がりです。
太くなるほどボリュームアップされ、まつ毛の存在感が強くなります。

Thick

Curl

カールの違い

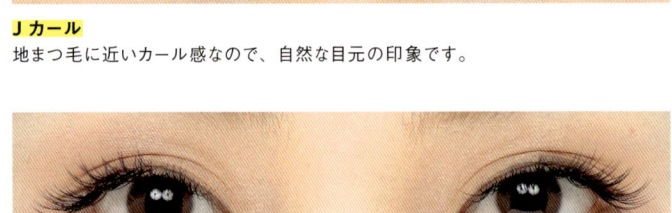

Jカール
地まつ毛に近いカール感なので、自然な目元の印象です。

Bカール
ビューラーで2、3回挟んだようなカール感で、外国人風な目元の印象です。

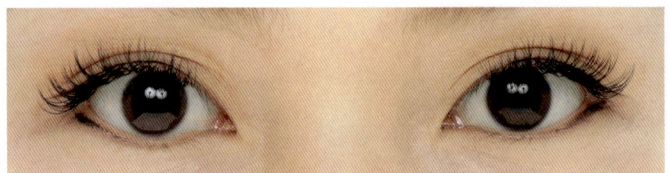

Cカール
ビューラーでしっかりカール感を出し、
さらにマスカラも付けてパッチリした目に見えます。

Dカール
まつ毛カールを施したような目に見えます。

Length

長さの違い

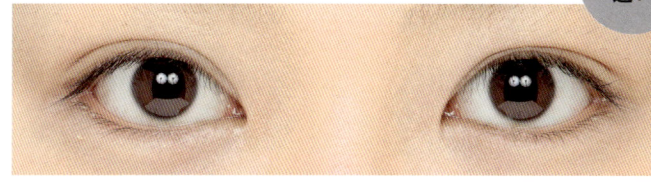

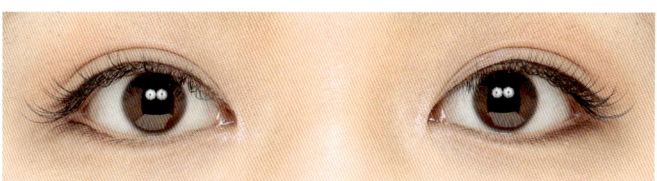

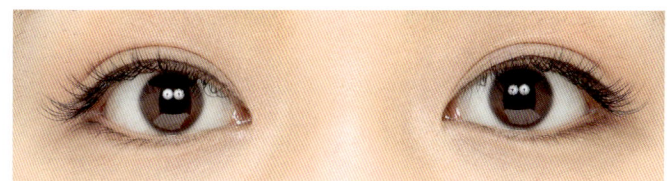

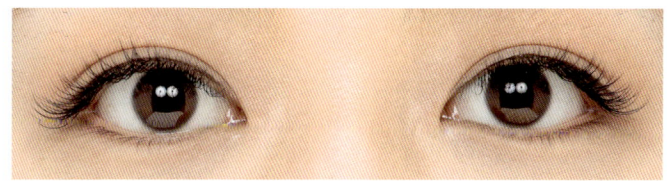

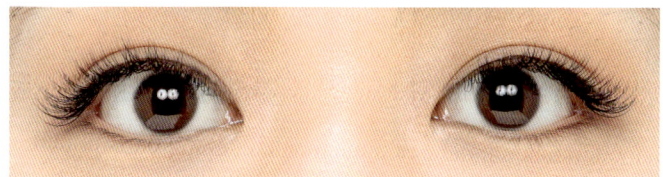

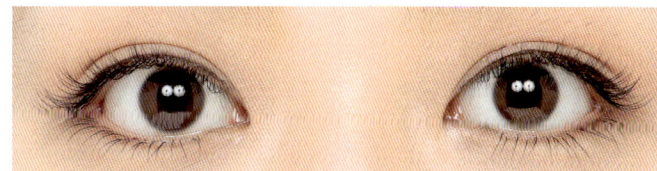

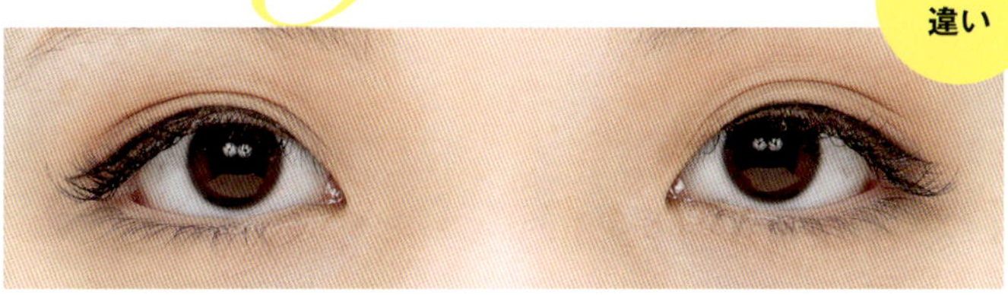

短い（9mm）
地まつ毛と馴染んでいます。目の輪郭を強調しつつ、自然な目元の印象です。

長い（12mm）
まつ毛の存在感が出るので、華やかな印象に。短いまつ毛と比べると目が大きく見えます。

Glue

グルーの違い

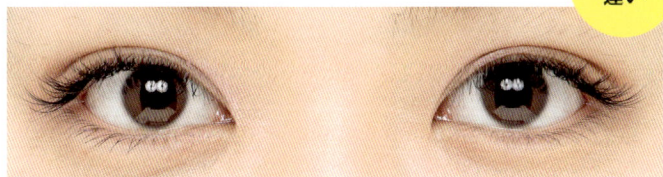

右／ブチルで装着　左／エチルで装着
地まつ毛とエクステをジョイントするグルーが固くなる時に縮む作用があります。エチルは縮む作用が強く、ブチルは弱いので、装着後の目の開きに違いがでます。

Number

本数の違い

Before の状態

右目40本＋左目40本
Before の状態と比べると、目の輪郭がハッキリして見えます。

右目60本＋左目60本
マスカラをしたような目元で自然な仕上がりです。

右目80本＋左目80本
目の印象を強くさせたい方に多い本数です。
マスカラを重ね塗りしたような目元になります。

右目100本＋左目100本
まつ毛の存在感が強くなります。ギャル系に人気の目元です。
※80本～120本は、施術としては一般的な本数です。

左右の上まつ毛各60本＋左右の下まつ毛各15本
下まつ毛を付けることで、目の輪郭がさらにハッキリして、より目が大きく見える効果があります。

エクステンションの
毛並びの違いによる印象変化

エクステの毛並びによって印象が異なることを代表的なイメージ
"ナチュラル・キュート・クール・ゴージャス"を例に、比較しています。
但し、瞼の形やエクステの太さ・長さ・カールによっても印象が変化することを覚えておきましょう。

※形が分かりやすいように、すべてJカールで装着

Natural

瞼のラインに沿ってほぼ同じ長さ（1〜2mm差）にすることで、
地まつ毛のような印象になります。

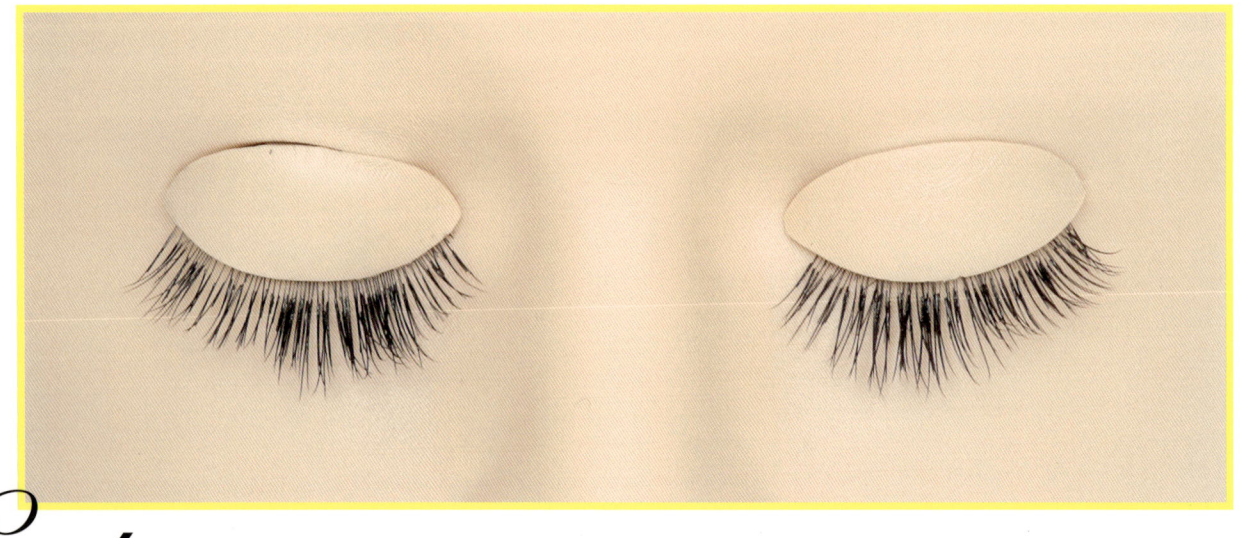

Cute

黒目の上に長さを出すことで、
目を開けると高さが出るのでカワイイ印象になります。

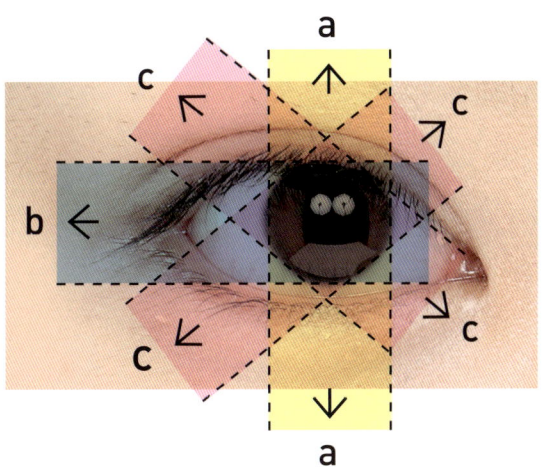

方向性の違い

a 黒目の上下に長さを出すと、
黒目がより大きく見えます。

b 目尻に長さを出すと、
切れ長な目に見えます。

c 放射状に長さを出すと、
目の輪郭がより大きく見えます。

目頭から目尻にかけて徐々に長さを出すことで、
切れ長な目の印象になります。

Cool

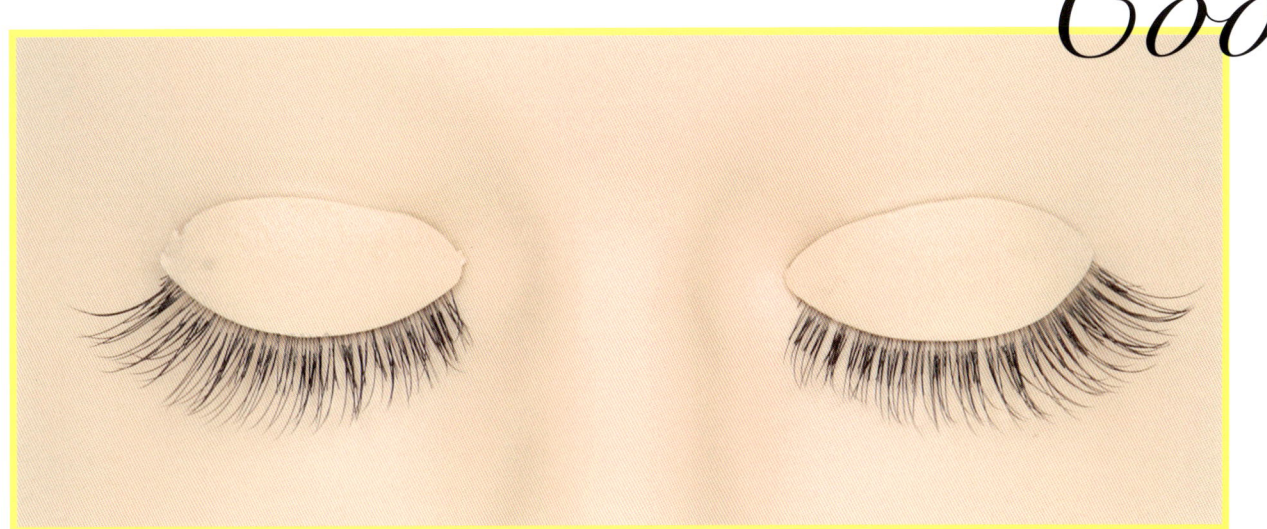

黒目の外側（目尻側）に長さを出すことで、
目尻の際が強調され目の輪郭全体がより大きい印象になります。

Gorgeous

一重・二重・奥二重 ×
Natural・Cute・Cool・Gorgous
のイメージ別デザイン

ここでは、異なる瞼のタイプに合わせて
"ナチュラル・キュート・クール・ゴージャス"の
4つのイメージ別デザインを紹介します。

Befor

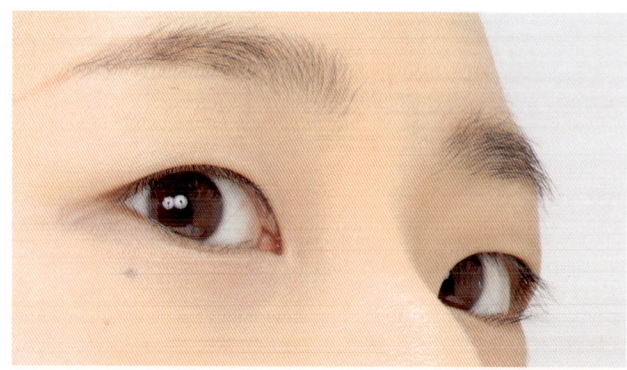

Eye Type

一 重 瞼

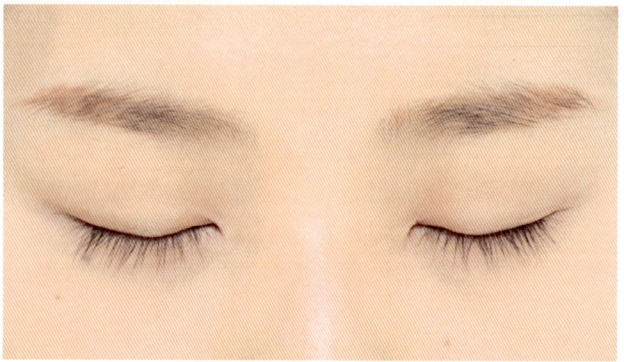

| 一重瞼の特徴 | 瞼が厚く、地まつ毛の根元が隠れています。そのために地まつ毛が下向きに生えているので、カール感が出にくくなります。 |

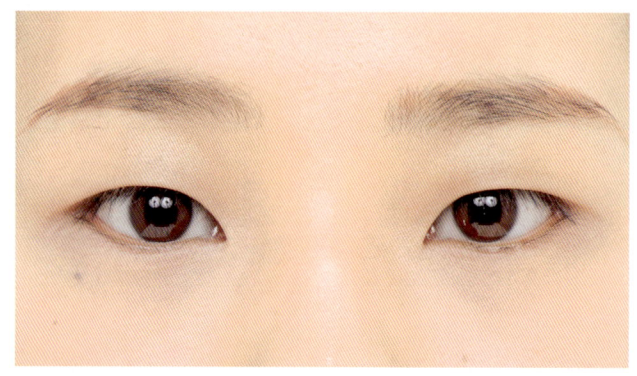

| Natural | LDカールを使用して瞼にエクステがしっかりかかるようにしました。ナチュラルな印象にするために、60本程度を目安に付けましょう。地まつ毛に近い太さの毛を選ぶと、本数が多くてもナチュラルに見えます。 |

| Cute | 一重は地まつ毛が下向きに生えています。ですから、黒目の上に高さを出すデザインを作るにはLDカールが向いています。黒目の上に1本装着して目を開けていただき、高さを確認してから作ると仕上がりのイメージがつかみやすくなります。 |

| Cool | DカールからJカールへと徐々にカールを弱め、長さは徐々に長くして、切れ長な目のクール感を演出しました。短いDカールはカール感が強いので、瞼にカールがかかりやすくなります。 |

| Gorgeous | 一重の下向きの地まつ毛には、Dカールを使いました。ビューラーでしっかりカールしたような印象にします。Dカールだと実際につけたエクステよりも短い感じになりますが、地まつ毛の毛先がエクステに馴染みやすくなります。 |

Cool

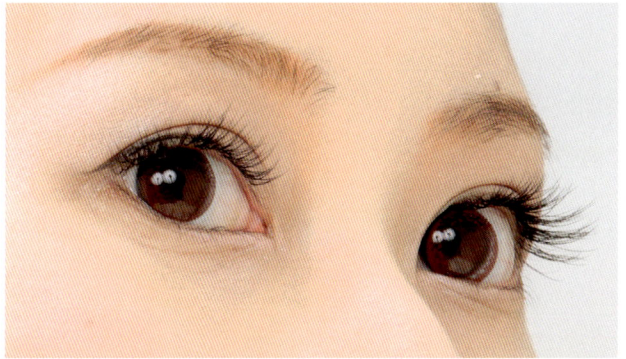

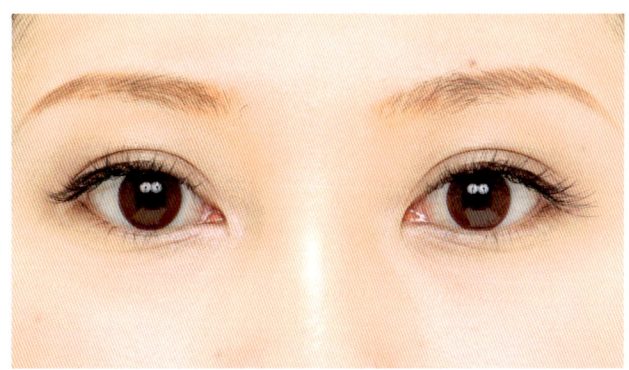

Technique

- 本数
[左右] 各60本
- ベース・Cカール [長さ] 9mm、10mm [太さ] 0.15mm
- 目頭：Cカール [長さ] 8mm [太さ] 0.15mm
- 目尻：Jカール [長さ] 12mm、11mm [太さ] 0.15mm

Gorgeous

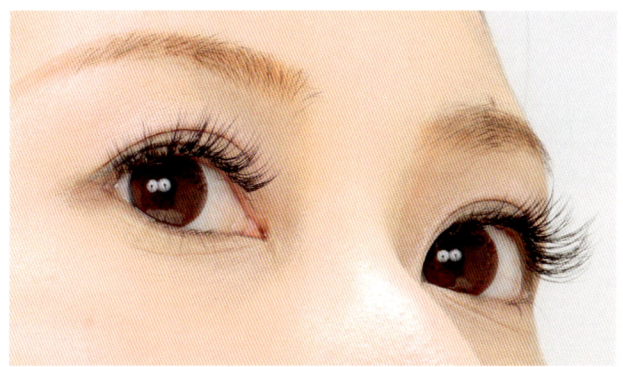

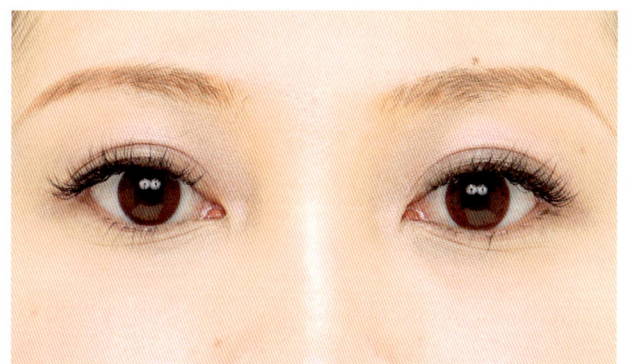

Technique

- 本数
[左右] 各80本
- 目頭〜黒目：Cカール [長さ] 9mm、10mm [太さ] 0.15mm
- 黒目〜目尻：Jカール、Cカールのミックス [長さ] 12mm [太さ] 0.15mm
- 目尻：Jカール、Cカールのミックス [長さ] 11mm [長さ] 0.15mm

Eye Type

奥 二 重 瞼

Befor

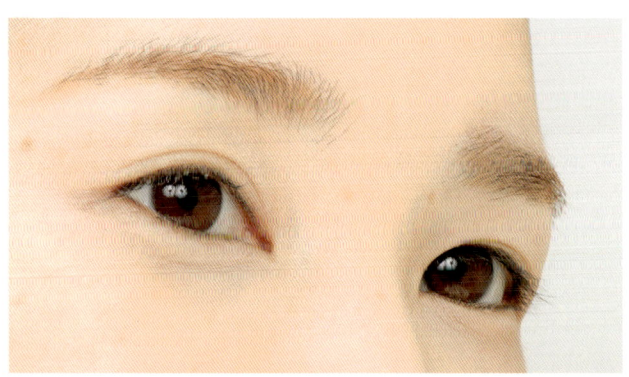

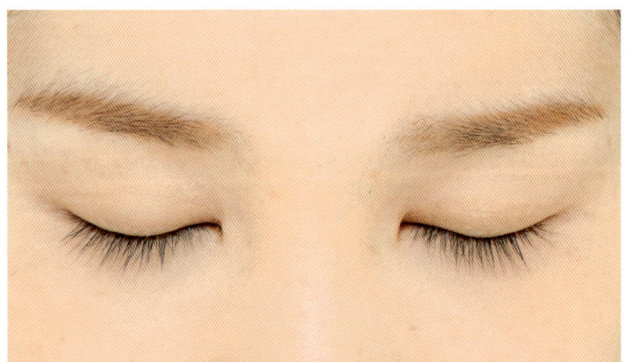

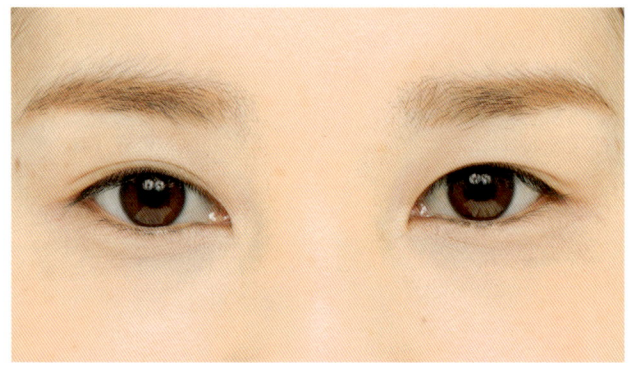

奥二重瞼の特徴
二重瞼の幅が薄いタイプと厚いタイプに分かれます。薄めの場合は、二重瞼と同様に狙った通りのカール感が出ます。厚めの場合は、一重瞼のように狙ったカールが出にくいことがあります。ですから、事前のチェックとカウンセリングが大切になります。

Natural
瞼が薄いタイプで、まつ毛の生え方が上向きです。Bカールで地まつ毛と馴染ませながら自然な仕上がりにしています。厚めの瞼であれば、CカールまたはDカールを使って下向きのまつ毛に対応しましょう。

Cute
黒目に高さを出すとキュートな印象になります。また目をパッチリさせるために、瞼の厚さに関係なく、弱いカールを付けるのは避けましょう。

Cool
黒目の上に長くカールの強いエクステ付けると、ゴージャスな印象になるので注意しましょう。目頭から瞼にかかるように、Cカールを使って徐々にカールを弱くして切れ長の目にします。

Gorgeous
目頭から黒目まで高さを出し、目を大きく見せるために強めのカールを選びましょう。0.15ミリ以上の太さで、本数を多く付けると作りやすくなります

Case Study 01

左右対称の二重

細めのエクステであまり長さを出さずに、ごく自然で地まつ毛のような仕上がりに

Before

瞼／二重　まつ毛の太さ／普通　長さ／長い　量／多い　目の形／普通

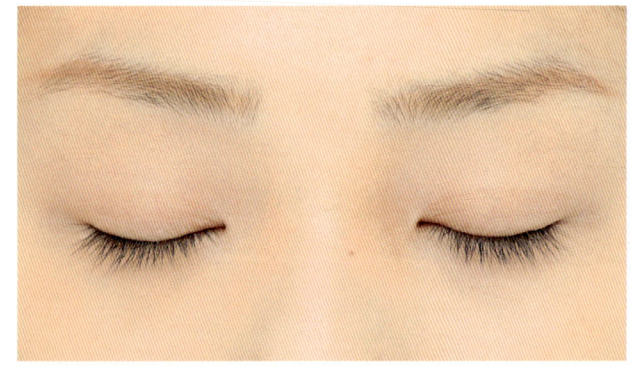
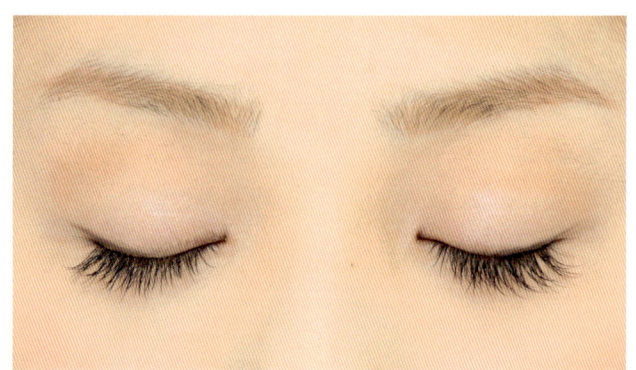
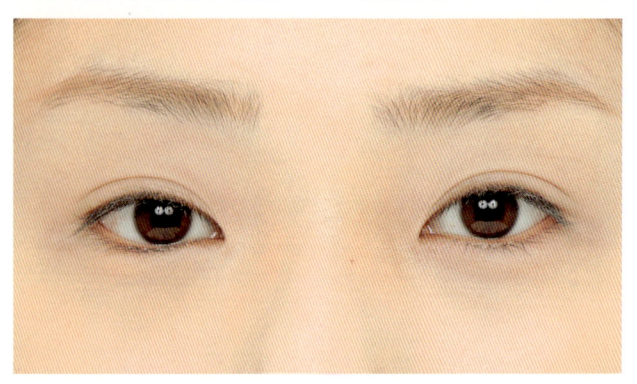
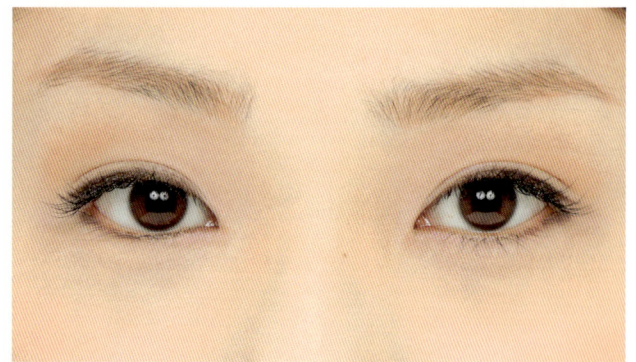

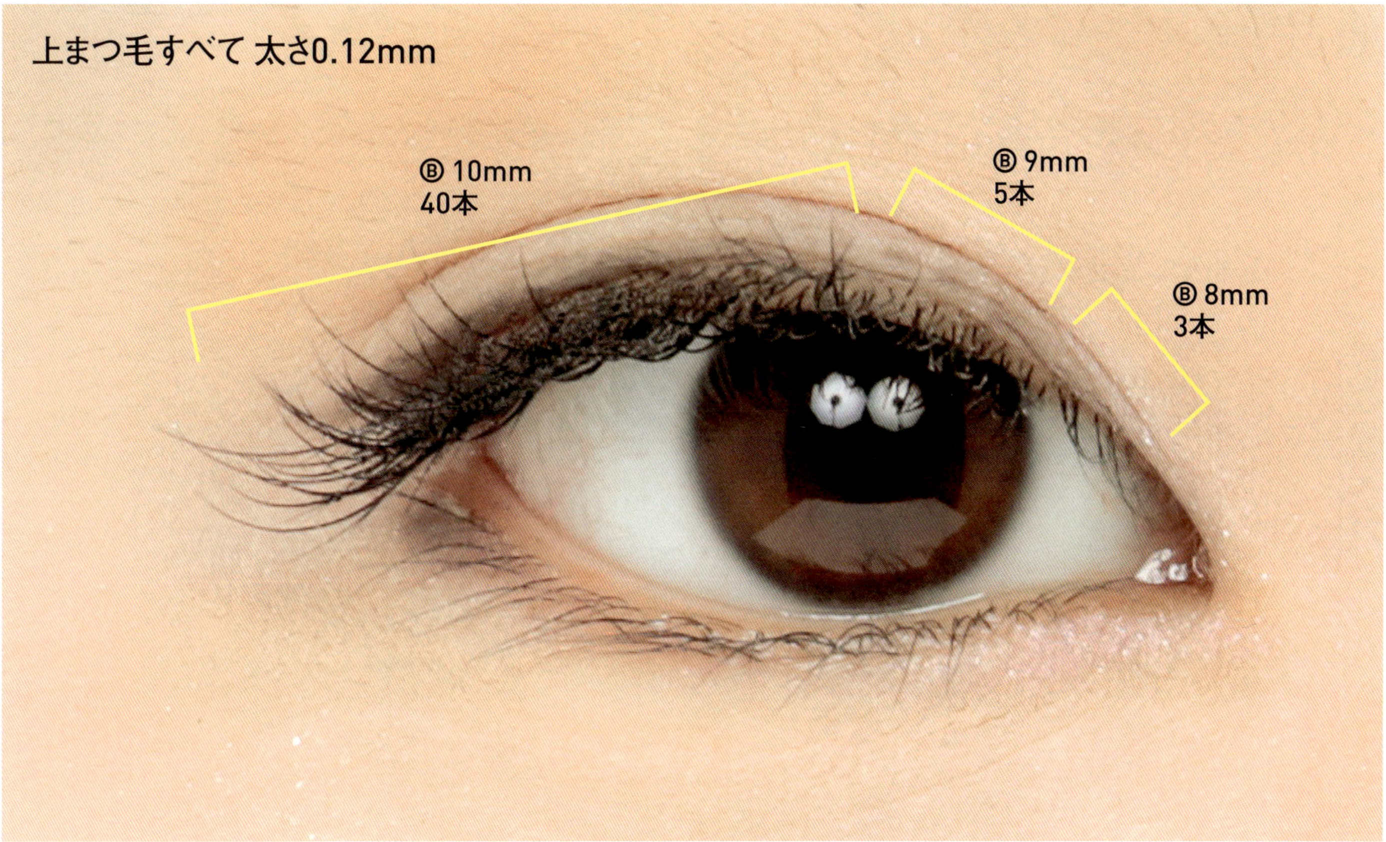

Natural

上まつ毛すべて 太さ0.12mm

Ⓑ 10mm 40本
Ⓑ 9mm 5本
Ⓑ 8mm 3本

Extension Data

● エクステ本数
　　［右目］48本
　　［左目］48本

● 太さ　0.12mm
● 長さ　8mm、9mm、10mm
● 形状　Rカール

施術時間 **48**分

左右対称で綺麗な二重なので、色々なデザインが可能です。今回は、ナチュラルなイメージにするため、細めのJカールを使い、地まつ毛が長くて多く見えるように仕上げています。

Case Study 02

まつ毛カールを施した、左右が異なる二重

地毛のカールに合わせて、
Cカールでゴージャスな印象に

Before

瞼／二重で左右の瞼が異なる　まつ毛の太さ／細い　長さ／普通　量／少ない　まつ毛カール毛　目の形／大きい

After

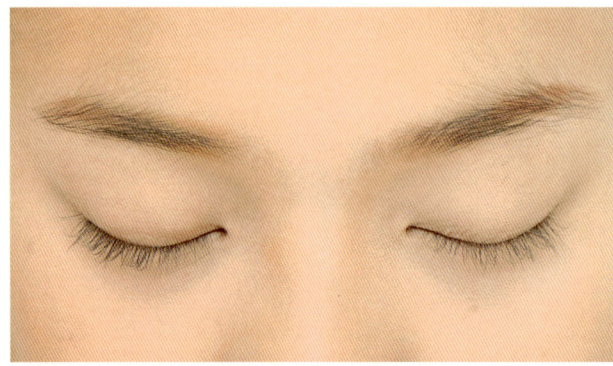

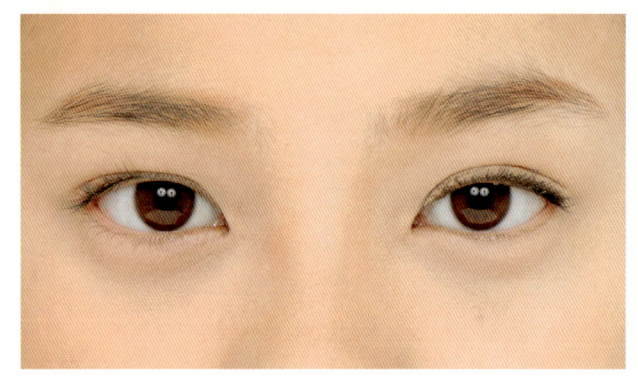
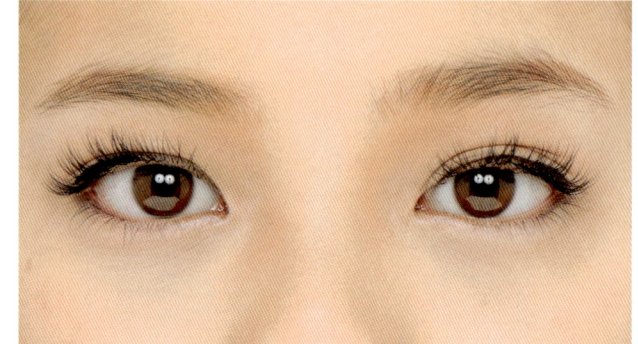

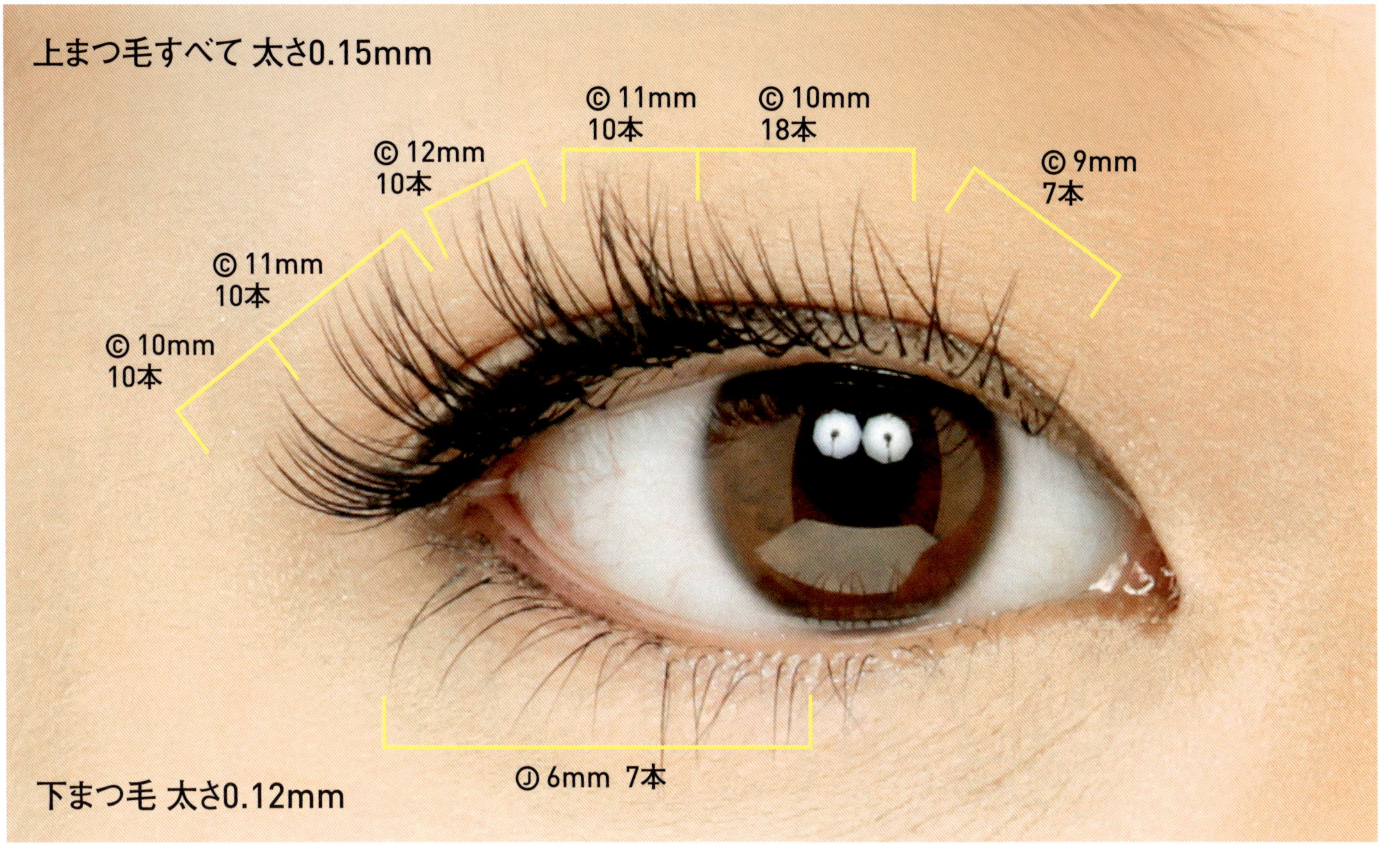

Gorgeous

上まつ毛すべて 太さ0.15mm

Ⓒ 12mm 10本
Ⓒ 11mm 10本
Ⓒ 10mm 18本
Ⓒ 11mm 10本
Ⓒ 10mm 10本
Ⓒ 9mm 7本

下まつ毛 太さ0.12mm

Ⓙ 6mm 7本

Extension Data

- エクステ本数
  [上まつ毛] 右65本、左65本
  [下まつ毛] 右7本、左7本

- 太さ　[上まつ毛] 0.15mm
  　　　[下まつ毛] 0.12mm
- 長さ　[上まつ毛] 9mm、10mm、11mm、12mm
  　　　[下まつ毛] 6mm
- 形状　[上まつ毛] Cカール
  　　　[下まつ毛] Jカール

施術時間 **70**分

1か月前にまつ毛カールをしていますが、地まつ毛が安定していたので施術することに。地まつ毛のカールに合わせて、Cカールを装着しています。
※まつ毛カールの影響で根元から折れていたり、毛先が縮れている毛が多い場合は、施術をお断りしましょう。

Case Study 03

溝の幅が広い二重

ビューラーでカールしたような
自然な仕上がりに

Before

瞼／二重　まつ毛の太さ／普通　長さ／長い　量／普通　目の形／普通

After

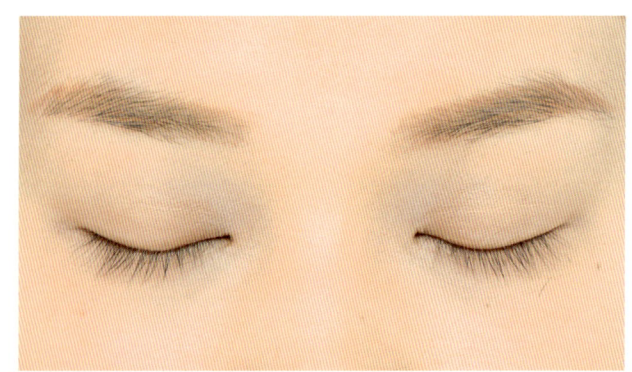

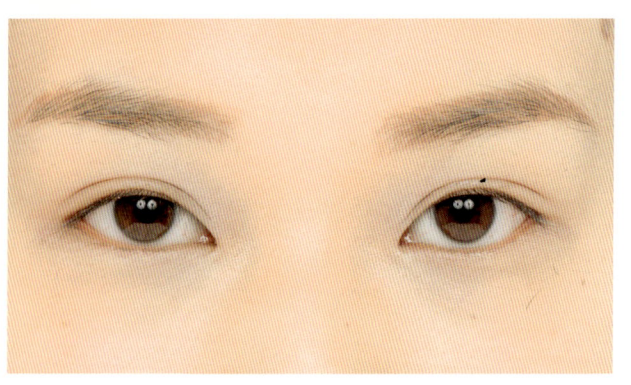
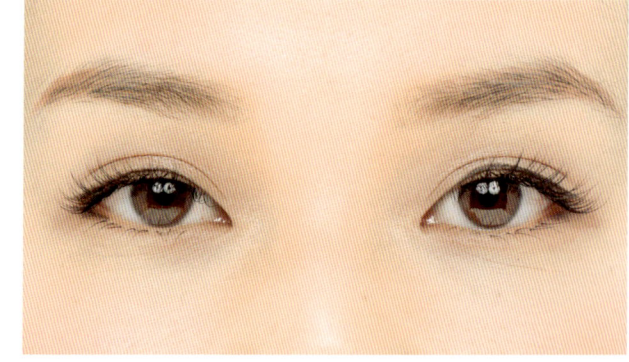

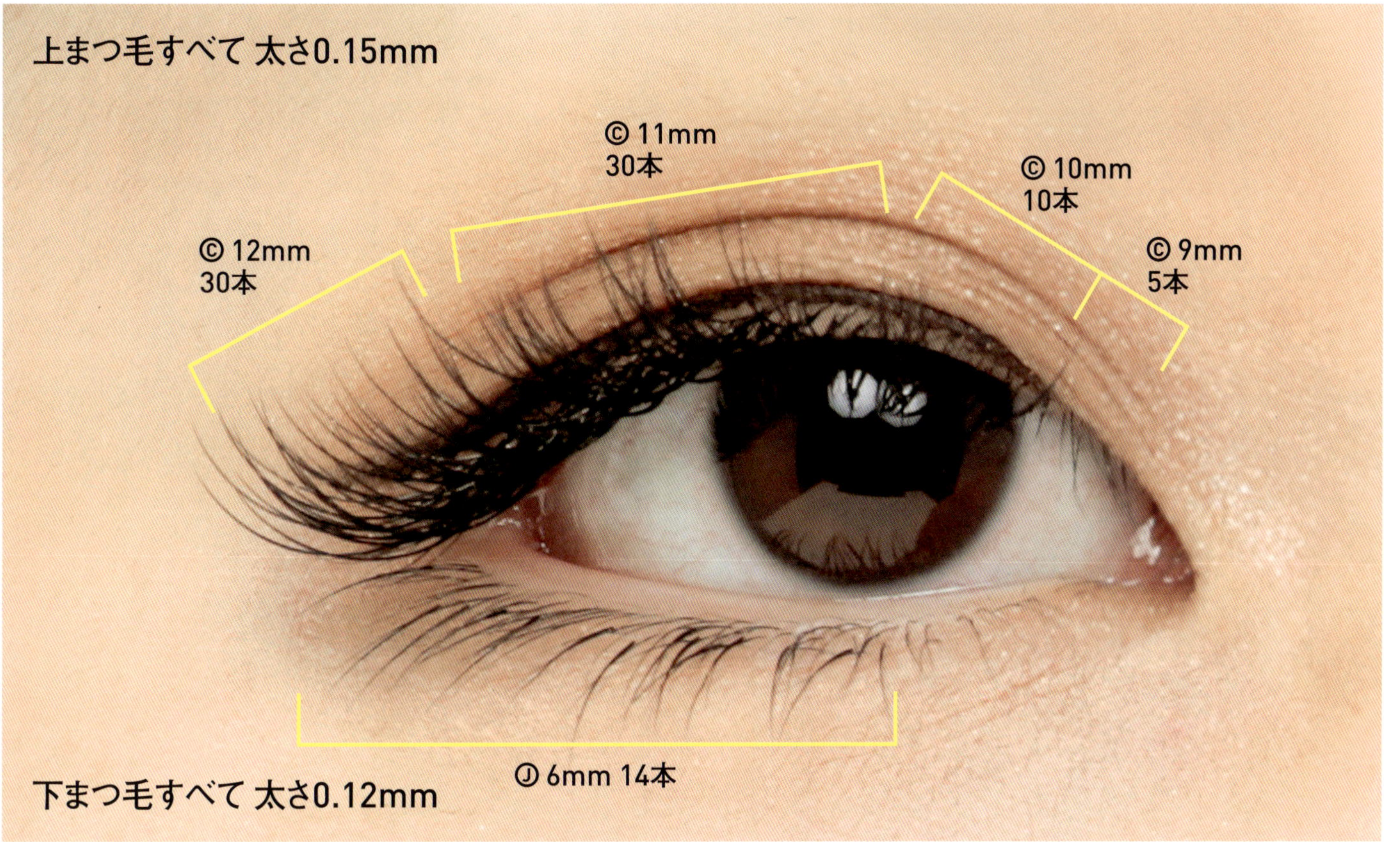

Cool & Gorgeous

上まつ毛すべて 太さ0.15mm

Ⓒ 12mm 30本
Ⓒ 11mm 30本
Ⓒ 10mm 10本
Ⓒ 9mm 5本

Ⓙ 6mm 14本

下まつ毛すべて 太さ0.12mm

Extension Data

- エクステ本数
  [上まつ毛] 右75本、左75本
  [下まつ毛] 右14本、左14本

- 太さ　[上まつ毛] 0.15mm
  　　　[下まつ毛] 0.12mm
- 長さ　[上まつ毛] 9mm、10mm、11mm、12mm
  　　　[下まつ毛] 6mm
- 形状　[上まつ毛] Cカール
  　　　[下まつ毛] Jカール

施術時間 **89** 分

目の位置が離れているタイプは、目頭は長くし目尻は短くしてバランスを取ります。今回は、あえて目尻にかけて徐々に長くして、目尻にデザインポイントを作り、個性的な仕上がりにしています。

Case Study 08

黒目が目頭側に寄っている二重

CカールとBカールで、遠心的な目元に演出

Before

瞼／二重　まつ毛の太さ／普通　長さ／普通、量／多い　目の形／小さく黒目が目頭側に寄っているため、目の間が狭く見える

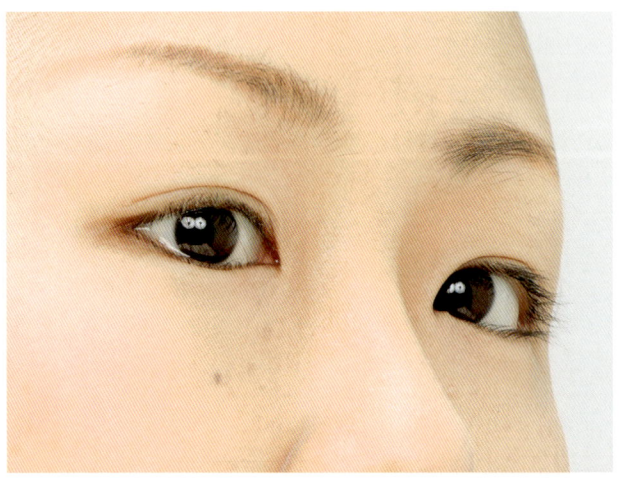

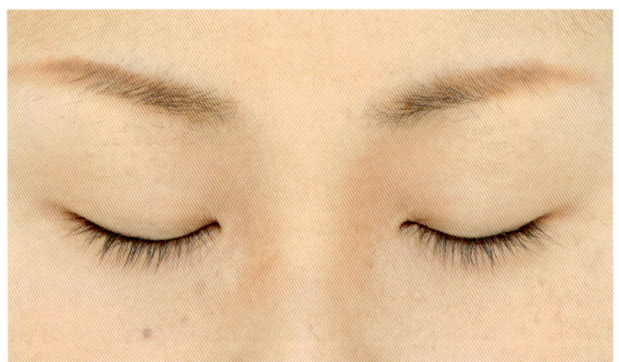
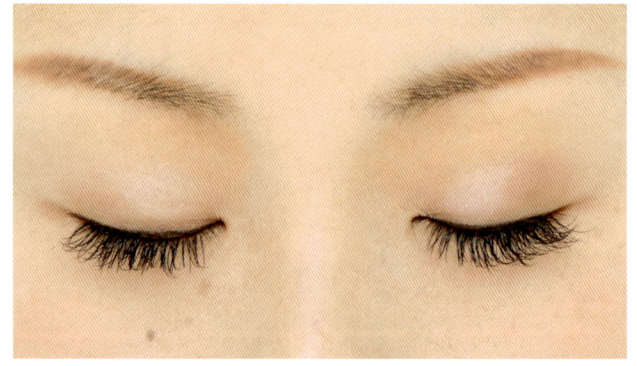
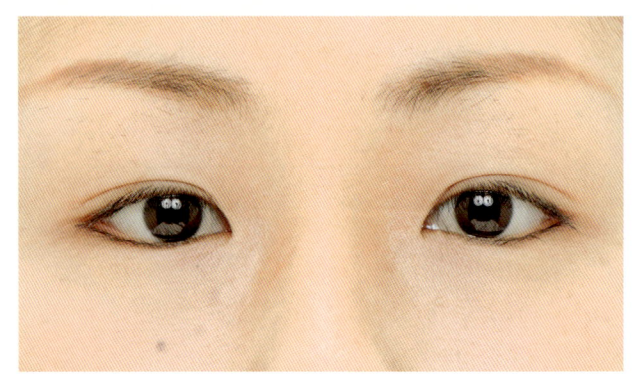
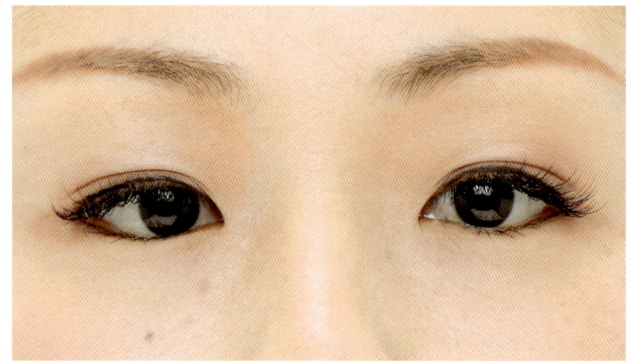

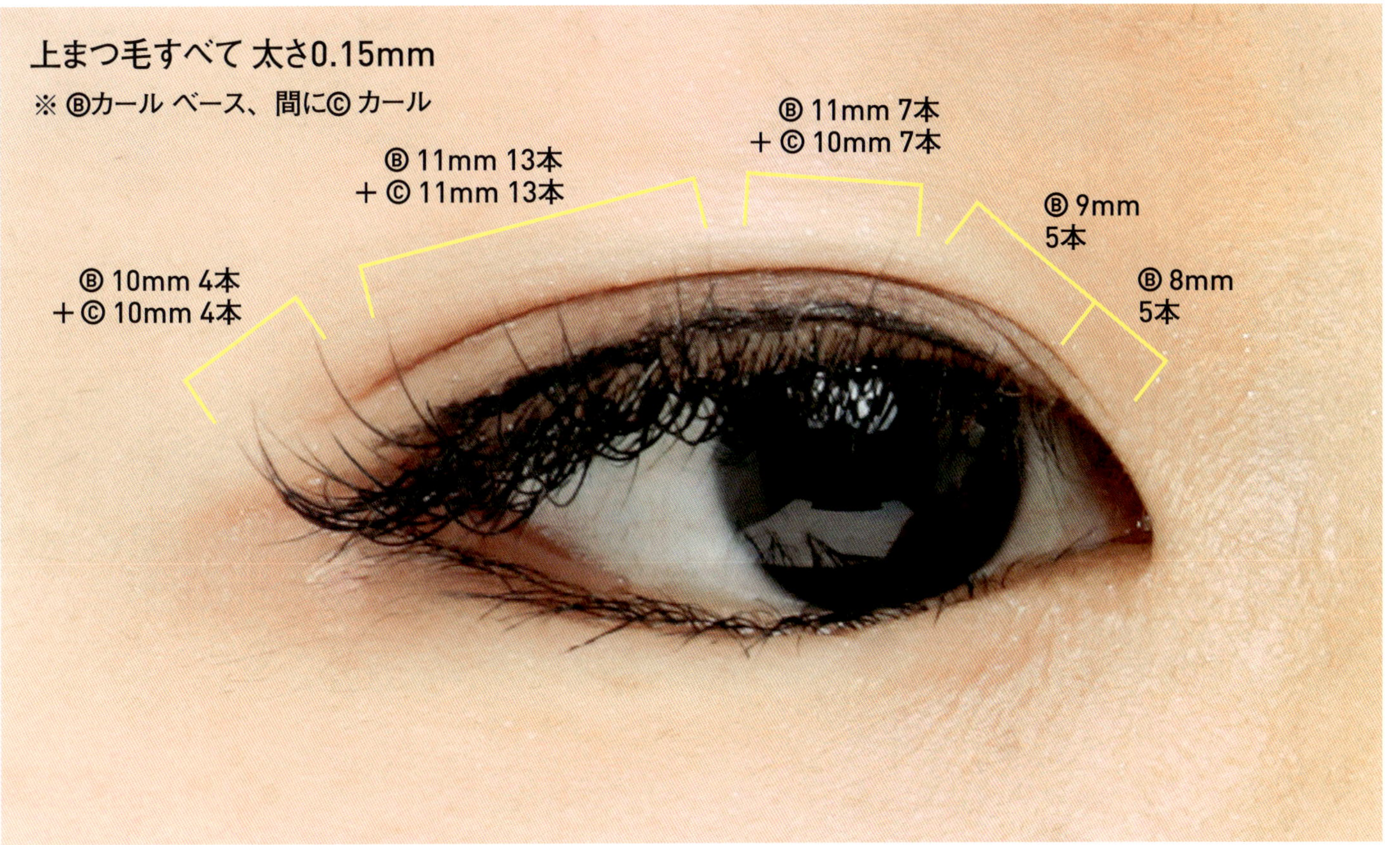

Natural

上まつ毛すべて 太さ0.15mm
※ Ⓑカール ベース、間にⒸカール

Ⓑ 10mm 4本
＋Ⓒ 10mm 4本

Ⓑ 11mm 13本
＋Ⓒ 11mm 13本

Ⓑ 11mm 7本
＋Ⓒ 10mm 7本

Ⓑ 9mm 5本

Ⓑ 8mm 5本

Extension Data

- エクステ本数
    [右目] 58本
    [左目] 58本

- 太さ　0.15mm
- 長さ　8mm、9mm、10mm、11mm
- 形状　Bカル、Cカル

施術時間　**58**分

ベースはBカールです。黒目〜目尻にかけてCカールをプラスして、目頭寄りの目を遠心的に広げることにより馴染ませています。

Case Study 09

まつ毛の生え方が下向きの二重と奥二重

下向きの生えグセを、強めのDカールで矯正

Before

瞼／二重と奥二重　まつ毛の太さ・長さ・量／すべて普通　下向きの生えグセ　目の形／大きい

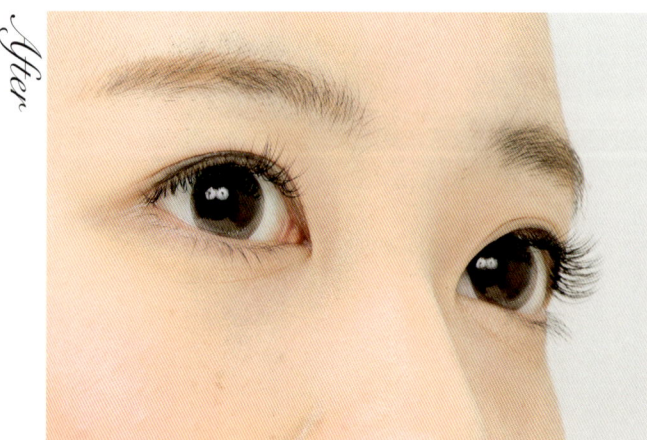

After

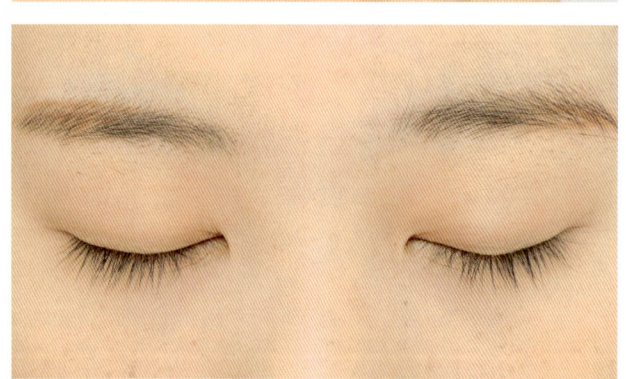

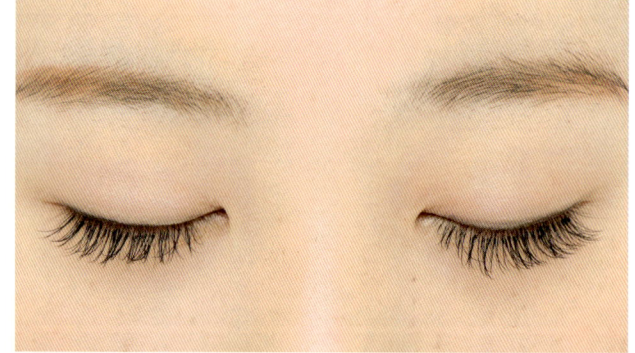

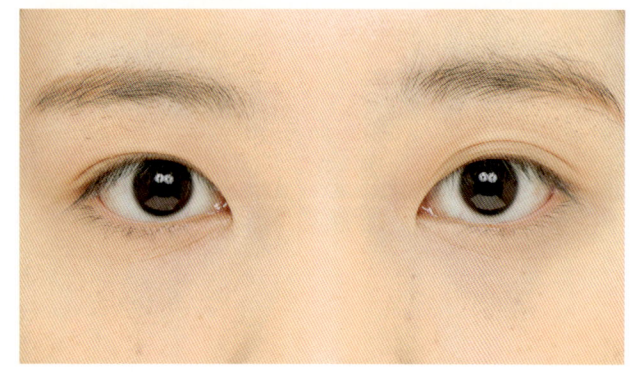

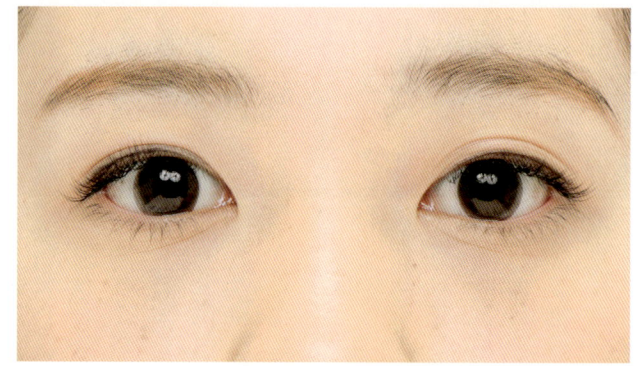

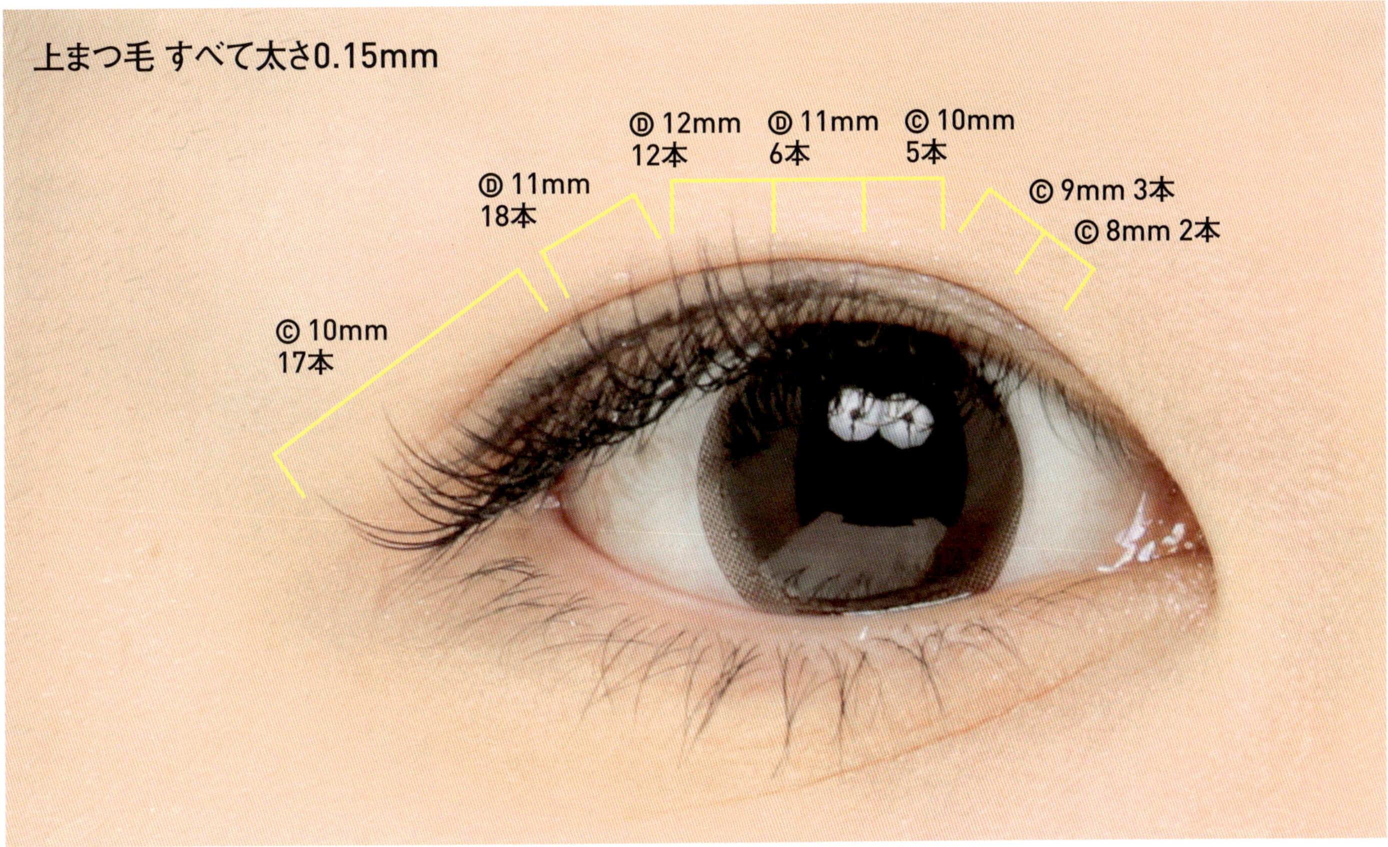

Cute

上まつ毛 すべて太さ0.15mm

ⓒ10mm 17本
Ⓓ11mm 18本
Ⓓ12mm 12本
Ⓓ11mm 6本
ⓒ10mm 5本
ⓒ9mm 3本
ⓒ8mm 2本

〈左目の場合〉

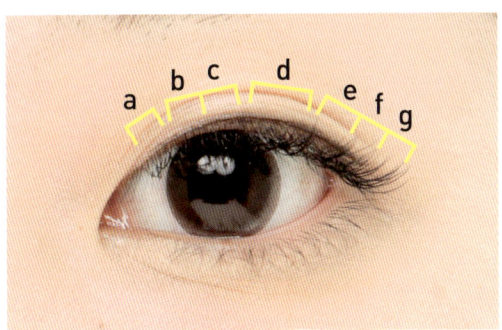

- a ▶ ⓒ8mm 2本
- b ▶ ⓒ9mm 3本
- c ▶ ⓒ10mm 12本
- d ▶ ⓒ11mm 12本
- e ▶ ⓒ12mm 12本
- f ▶ ⓒ11mm 12本
- g ▶ ⓒ10m 10本

Extension Data

- エクステ本数
  [右目] 63本
  [左目] 63本
- 太さ　0.15mm
- 長さ　8mm、9mm、10mm、11mm、12mm
- 形状　[右目]　Cカール、Dカール
　　　　[左目]　Cカール

施術時間 **63**分

右目の奥二重で下向きの生えグセは、カールの強いDカールで上向きに矯正しています。左は、Cカールのみで付けて、まつ毛の高さを合わせています。

Case Study 10

切れ長で奥二重

切れ長のクールな印象の目元を、
目頭のカールを強めにしてよりクールな印象に

瞼／奥二重　まつ毛の太さ・長さ・量／すべて普通　下向きの生え方　目の形／切れ長で目尻が上がっている

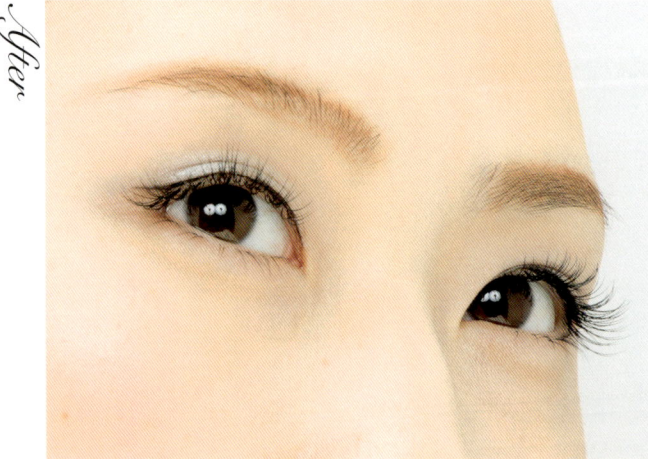
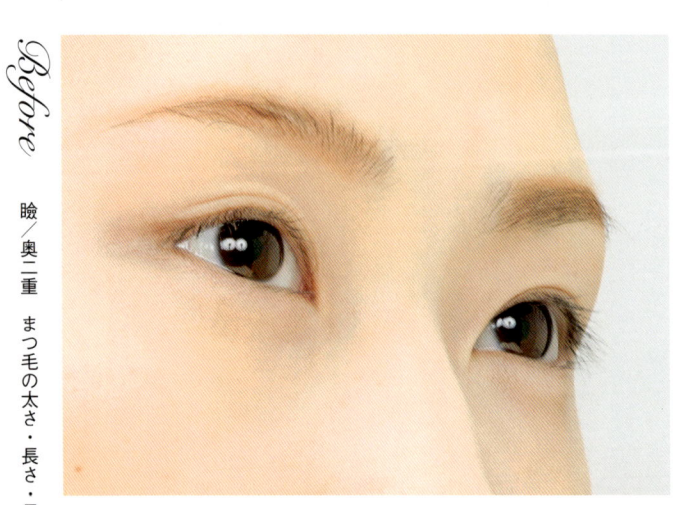
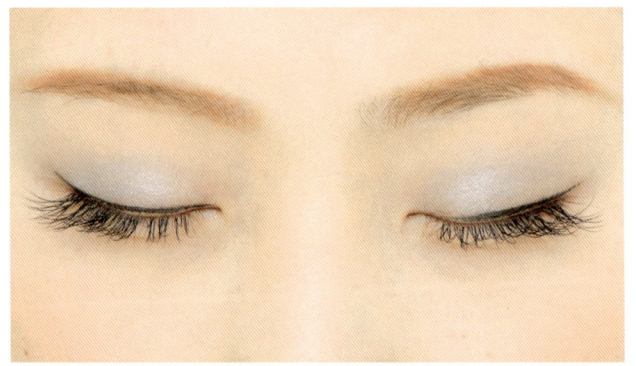

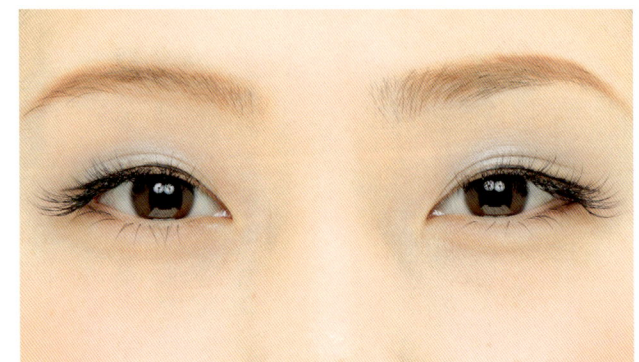
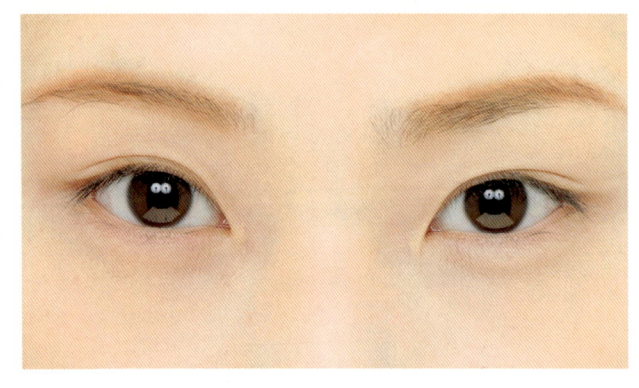

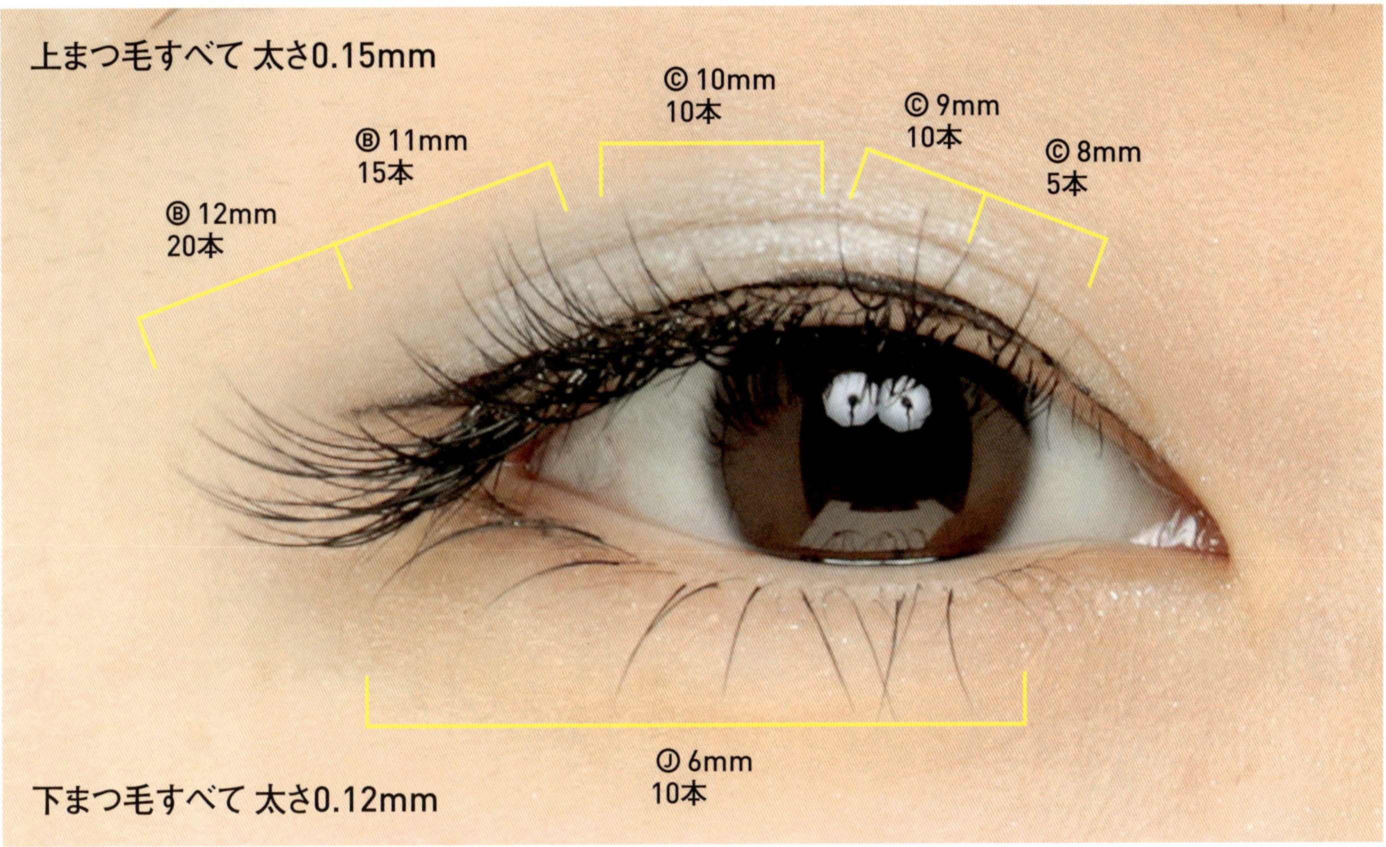

Cool

上まつ毛すべて 太さ0.15mm

Ⓑ 12mm 20本
Ⓑ 11mm 15本
Ⓒ 10mm 10本
Ⓒ 9mm 10本
Ⓒ 8mm 5本

Ⓙ 6mm 10本

下まつ毛すべて 太さ0.12mm

〈左目の場合〉

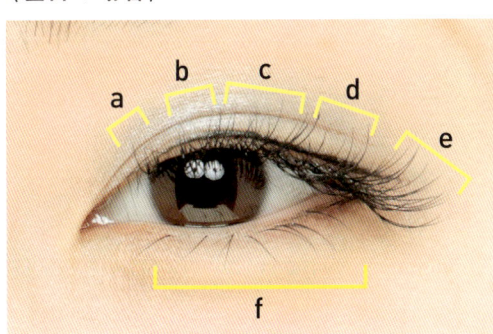

a ▶ Ⓓ 8mm 5本
b ▶ Ⓓ 9mm 10本
c ▶ Ⓓ 10mm 10本
d ▶ Ⓒ 11mm 15本
e ▶ Ⓑ 12mm 20本
f ▶ Ⓙ 6mm 10本

Extension Data

- エクステ本数
  [上まつ毛] 右60本、左60本
  [下まつ毛] 右10本、左10本

- 太さ [上まつ毛] 0.15mm
  [下まつ毛] 0.12mm

- 長さ [上まつ毛] 8mm、9mm、10mm、11mm、12mm
  [下まつ毛] 6mm

- 形状 [右目] Dカール、Bカール
  [左目] Dカール、Cカール、Bカール
  [下まつ毛] Jカール

施術時間 **65分**

下向きの生えグセが強い左目はDカールにして、右目とのバランスを取り出した。切れ長でつり目の場合は、目尻を長くしてやや下向きに付けると、優しい目の印象になります。※通常、左右の目のバランスを取るために、左右同時進行でエクステを装着しますが、エクステの種類が多くなる場合は、片方の目からつけると初心者は施術しやすくなります。

Case Study 11

目尻が上がった二重

センターに長さを出し、優しい目元の印象に

Before

瞼／二重　まつ毛の太さ／普通　長さ／短い　量／多い　目の形／目尻が上がっている

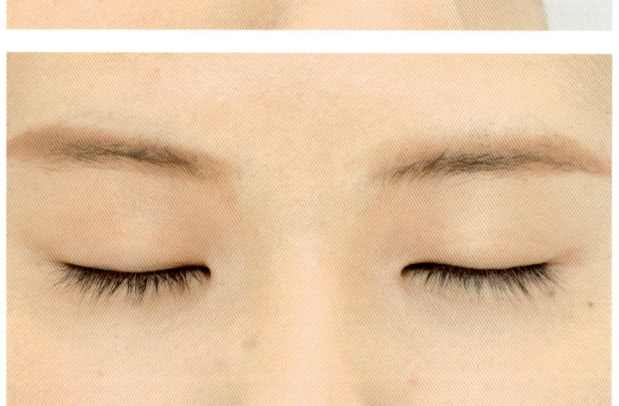
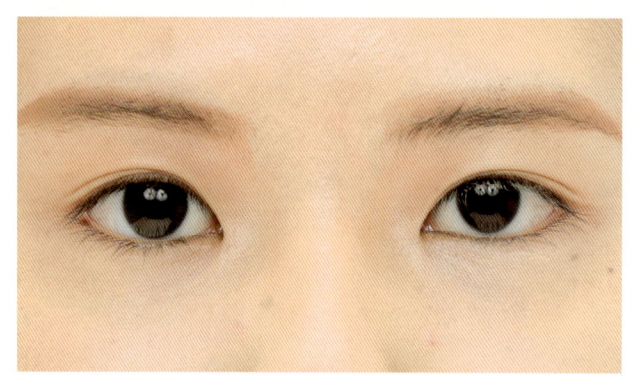

After

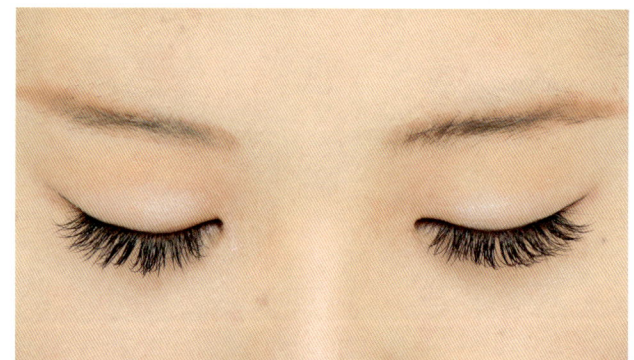
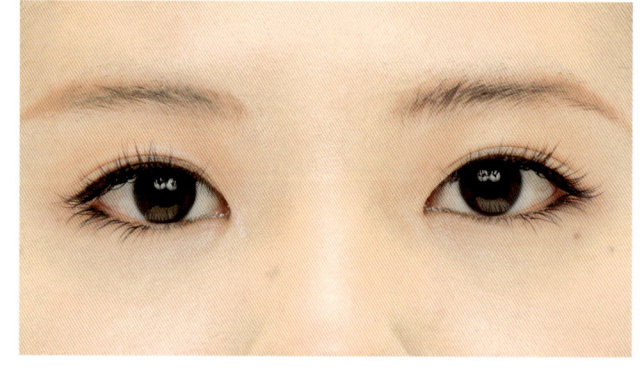

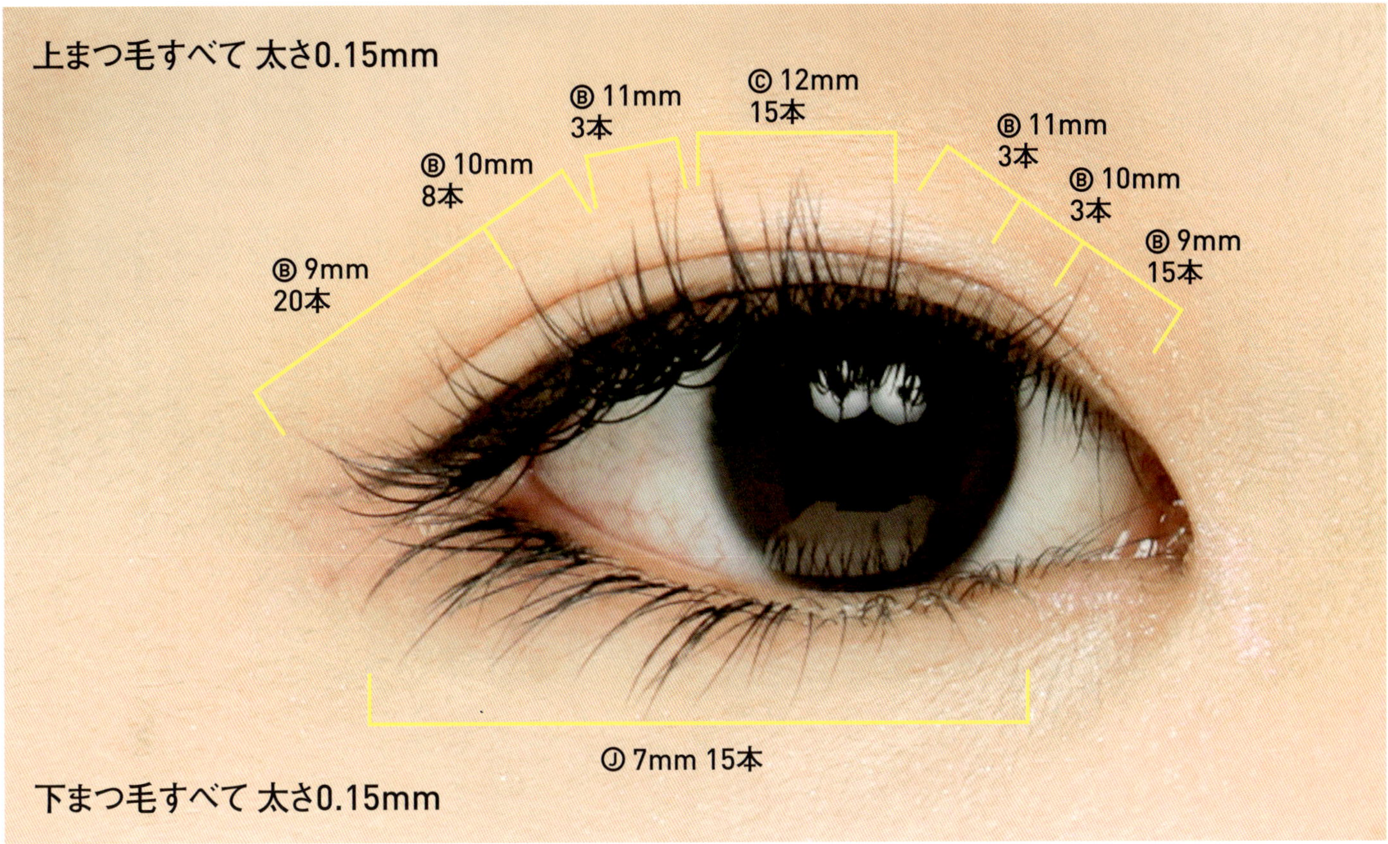

Cute

上まつ毛すべて 太さ0.15mm

Ⓑ 9mm 20本
Ⓑ 10mm 8本
Ⓑ 11mm 3本
Ⓒ 12mm 15本
Ⓑ 11mm 3本
Ⓑ 10mm 3本
Ⓑ 9mm 15本

Ⓙ 7mm 15本

下まつ毛すべて 太さ0.15mm

Extension Data

- エクステ本数
  [上まつ毛] 右67本、左67本
  [下まつ毛] 右15本、左15本

- 太さ [上まつ毛] 0.15mm
       [下まつ毛] 0.15mm
- 長さ [上まつ毛] 9mm、10mm、11mm、12mm
       [下まつ毛] 7mm
- 形状 [上まつ毛] Cカール、Bカール
       [下まつ毛] Jカール

施術時間 **82**分

黒目の上にCカールで高さを出し、目尻のカール感と長さを抑えて、下まつ毛を付けることにより目尻の上がりを抑えました。目尻に強いカールを使用すると個性が強調され、弱いカールだと角度が矯正されます。

Case Study 12

瞼が厚く、まつ毛は細く、短く少ない一重

Cカールで、華やかな目元に

Before

瞼／厚みのある一重
まつ毛が太さ／細く
長さ／短い
量／少ない
目の形／小さい

After

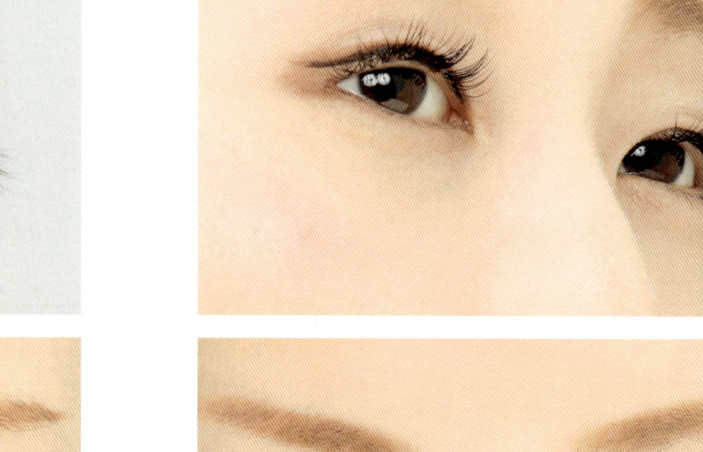

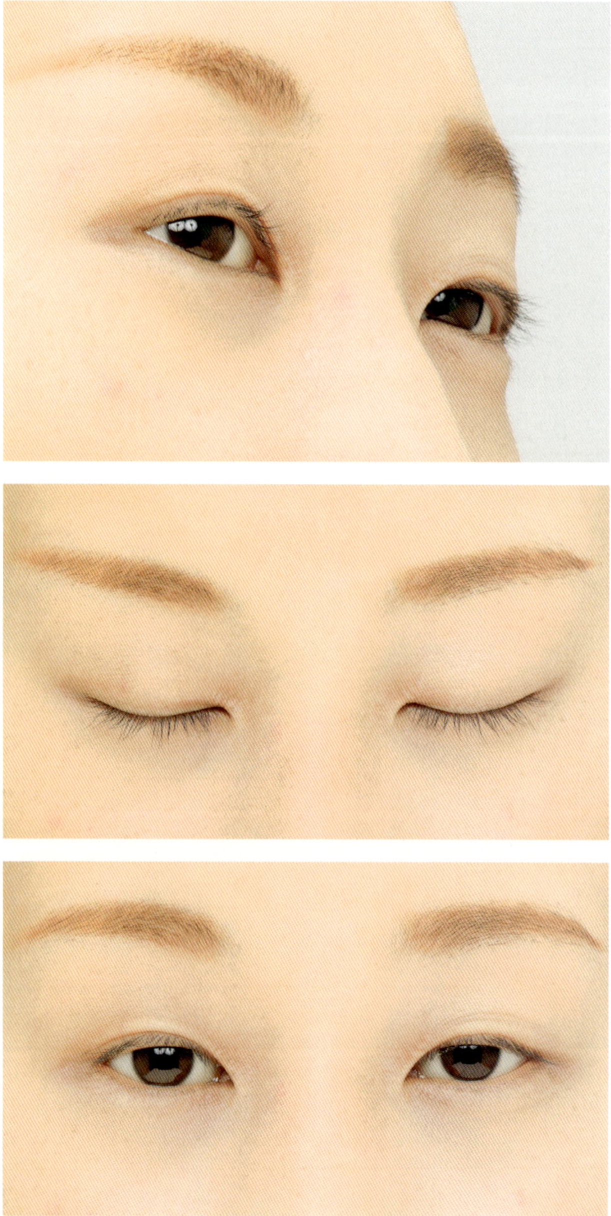

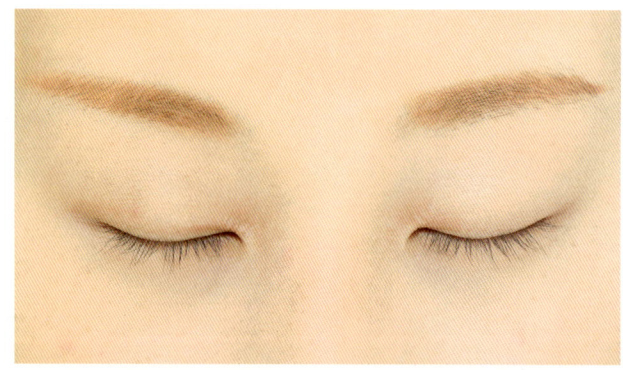

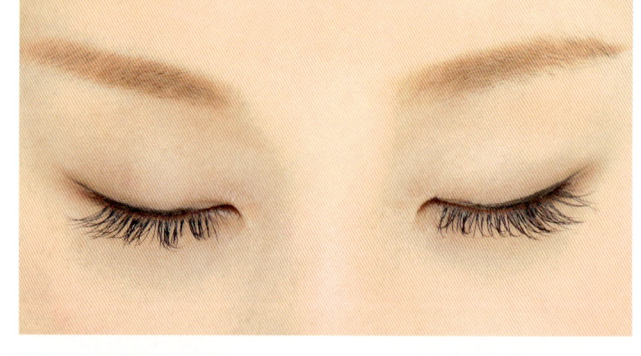

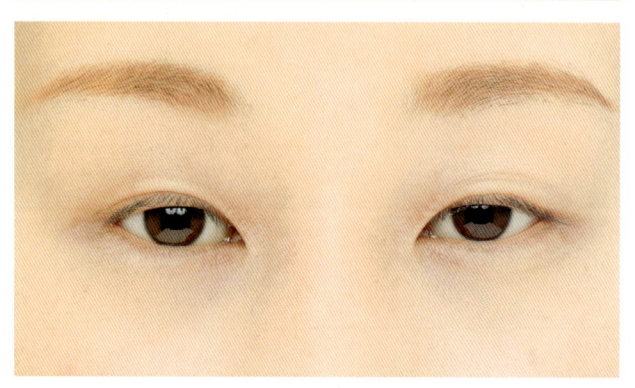

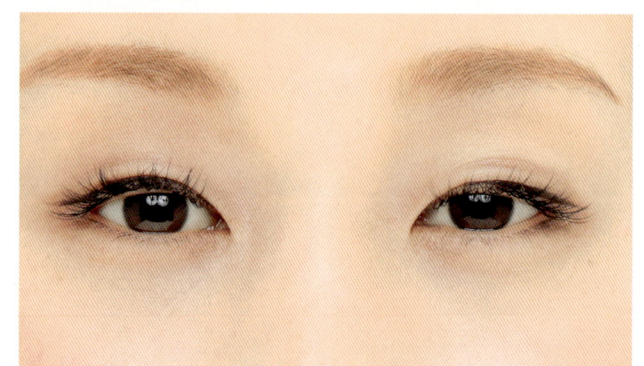

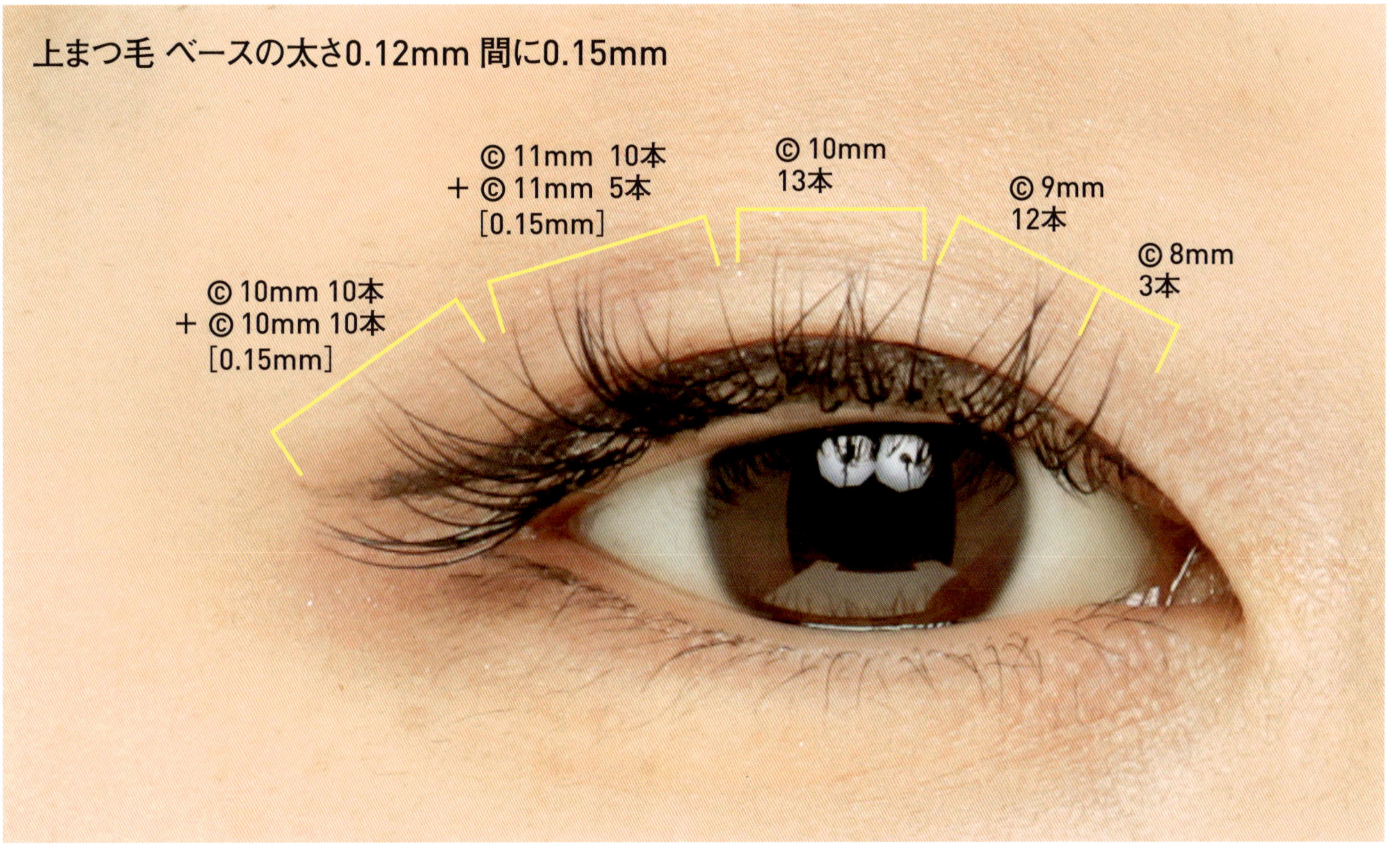

Gorgeou

上まつ毛 ベースの太さ0.12mm 間に0.15mm

ⓒ 11mm 10本
+ ⓒ 11mm 5本
[0.15mm]

ⓒ 10mm 13本

ⓒ 9mm 12本

ⓒ 8mm 3本

ⓒ 10mm 10本
+ ⓒ 10mm 10本
[0.15mm]

Extension Data

● エクステ本数
　[右目] 63本
　[左目] 63本

● 太さ　0.12mm、0.15mm
● 長さ　8mm、9mm、10mm、11mm
● 形状　Cカール

施術時間 **63**分

瞼が下がっているタイプなのでCカールで矯正する。細くて短い地まつ毛に馴染むように、長さ8mm～11mmで、太さは0.12mmのエクステを目頭に。0.15mmのエクステをセンター～目尻にミックスして、目を大きく見せます。

Case Study 13

まつ毛が多くて長い二重

弱めのカールで、自然な涼しい目元に

Before

瞼／二重　まつ毛の太さ／普通　長さ／長い　量／多い　目の形／大きい

After

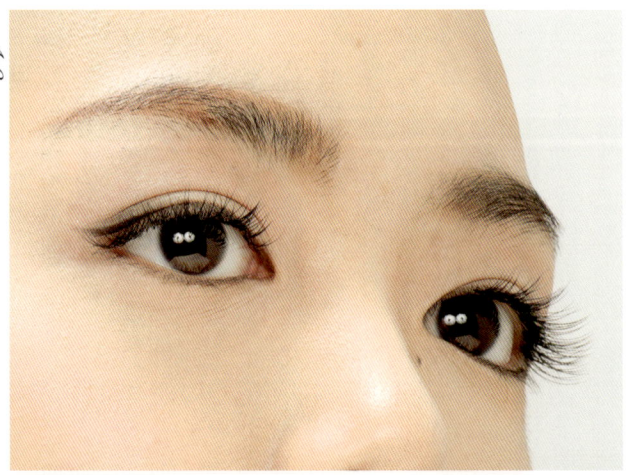

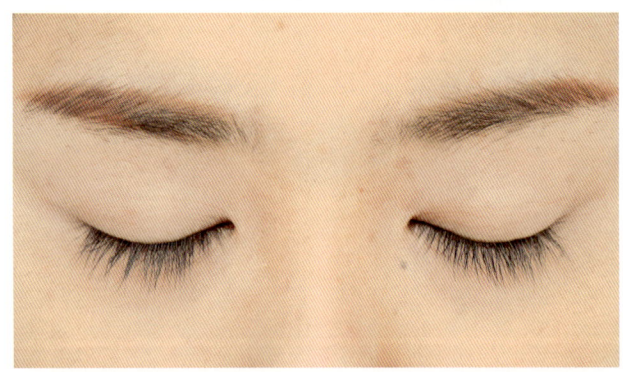
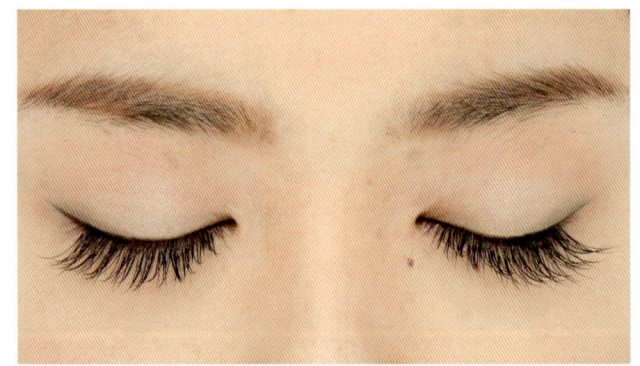
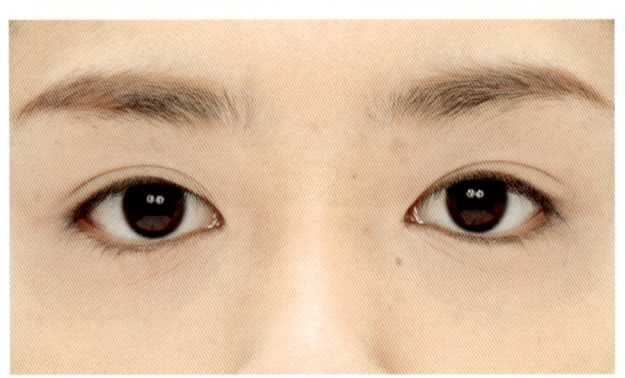
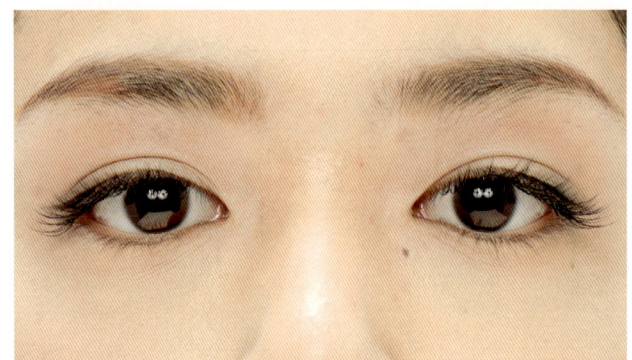

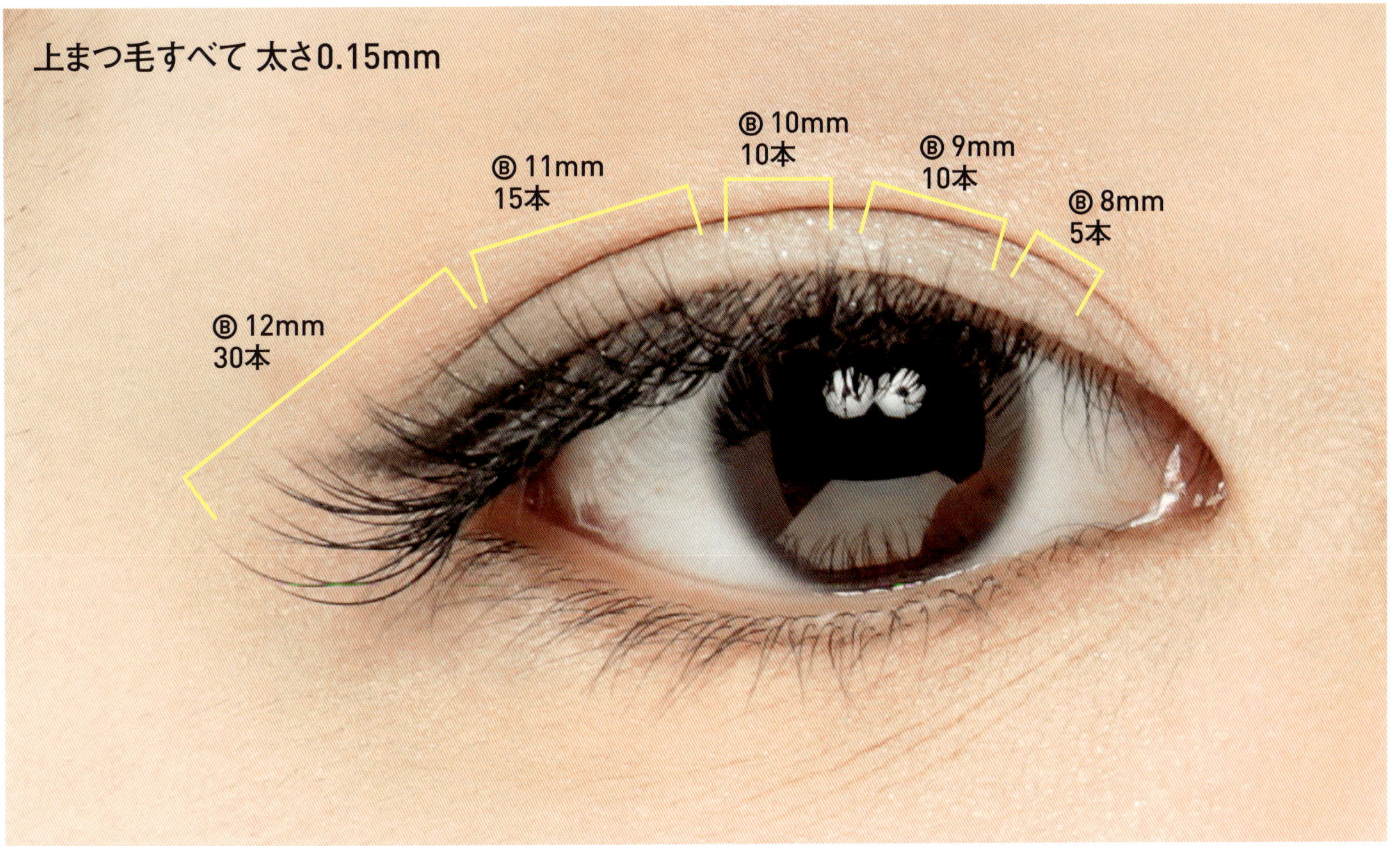

Cool

上まつ毛すべて 太さ0.15mm

Ⓑ 12mm 30本
Ⓑ 11mm 15本
Ⓑ 10mm 10本
Ⓑ 9mm 10本
Ⓑ 8mm 5本

Extension Data

● エクステ本数
　［右目］70本
　［左目］70本

● 太さ　0.15mm
● 長さ　8mm、9mm、10mm、11mm、12mm
● 形状　Bカール

施術時間　**70**分

地まつ毛の長さに合わせ、ビューラでまつ毛を2、3回上げたようなニュアンスを出しました。ハッキリした二重で、地まつ毛が長く量も多いタイプは、不自然にならないように細めの0.15mmでカールも少し抑えめにします。ただし地まつ毛の長さより短いとカールが埋もれてしまうので注意しましょう。

Case Study 14

まつ毛の生え方が下向きで、短く少ない二重

地まつ毛より少し長めで、
Cuteな印象に

Before

瞼／二重　まつ毛の太さ／細い　長さ／短い　量／少ない　下向きの生え方　目の形／普通

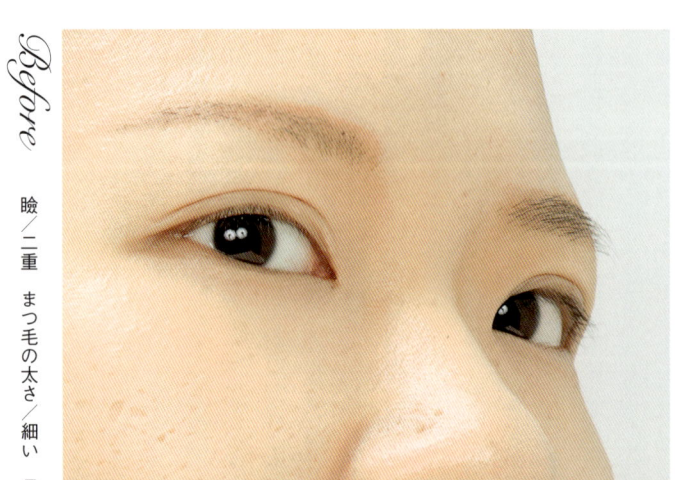
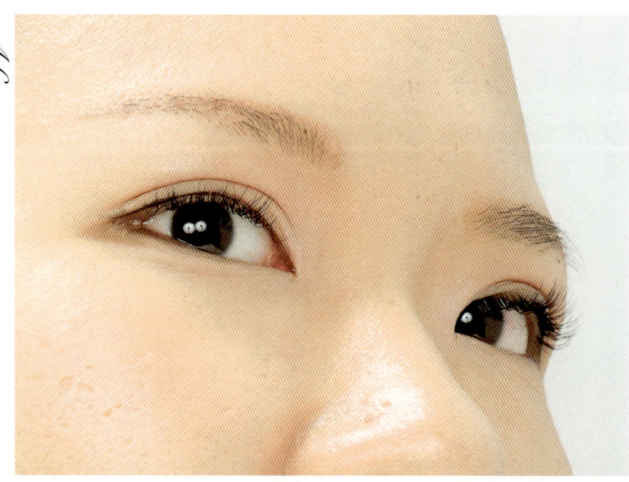

After

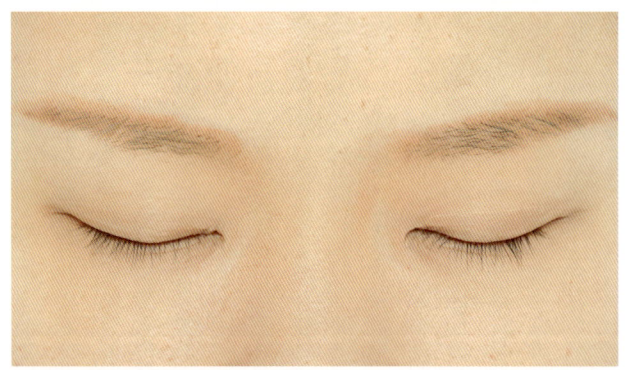
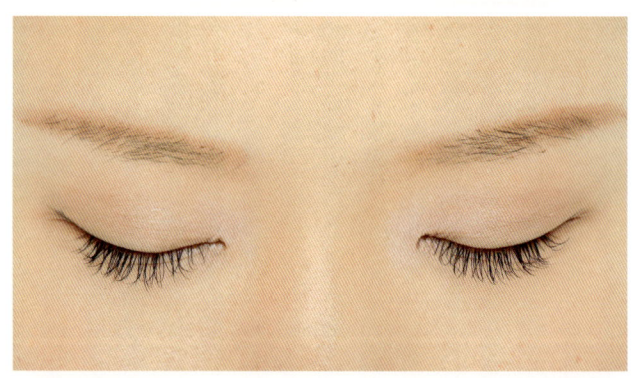

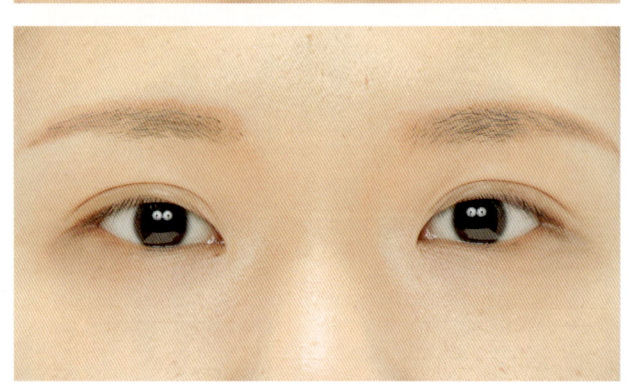
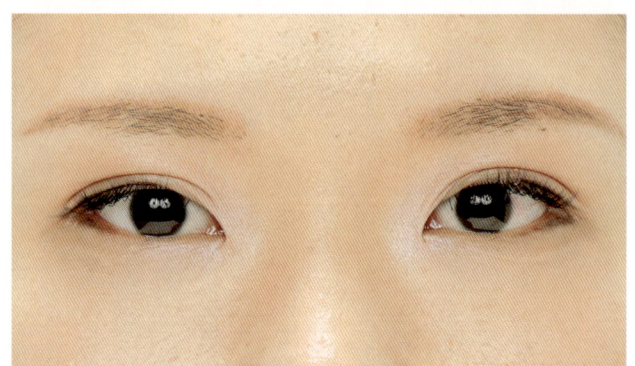

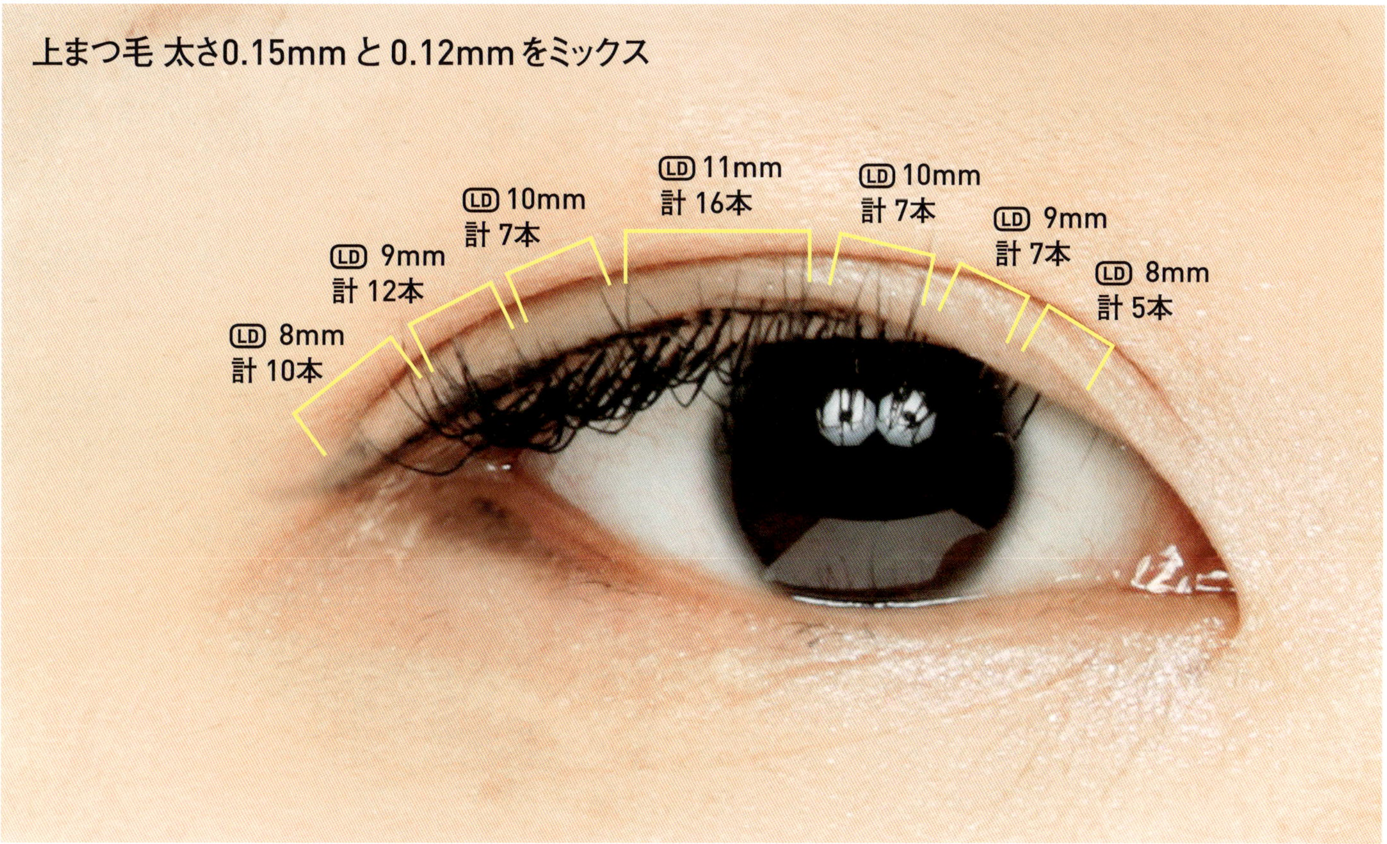

Cute

上まつ毛 太さ0.15mmと0.12mmをミックス

LD 8mm 計10本
LD 9mm 計12本
LD 10mm 計7本
LD 11mm 計16本
LD 10mm 計7本
LD 9mm 計7本
LD 8mm 計5本

Extension Data

● エクステ本数
　　［右目］64本
　　［左目］64本

● 太さ　0.12mm、0.15mm
● 長さ　8mm、9mm、10mm、11mm
● 形状　LDカール

施術時間 **64**分

毛量が少ないタイプに長さを出す場合、長すぎるとまつ毛が目立ちます。今回は、短い長さで0.12mmと0.15mmのLDカールを使用して、少ない毛量と下向きの生え方に対応しました。

77

Case Study 15

まつ毛の生え方にバラつきがある二重

Cカールで、自然な上向きまつ毛にチェンジ

Before

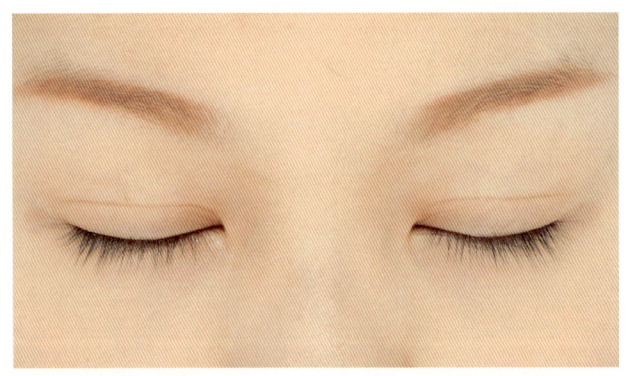
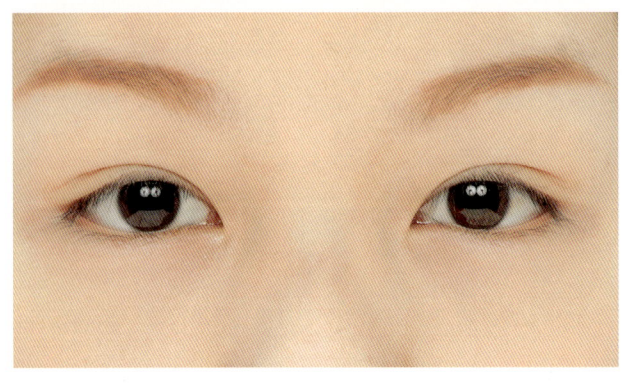

瞼／二重　まつ毛の太さ・長さ・量／すべて普通　生え方が下向き　目の形／普通

After

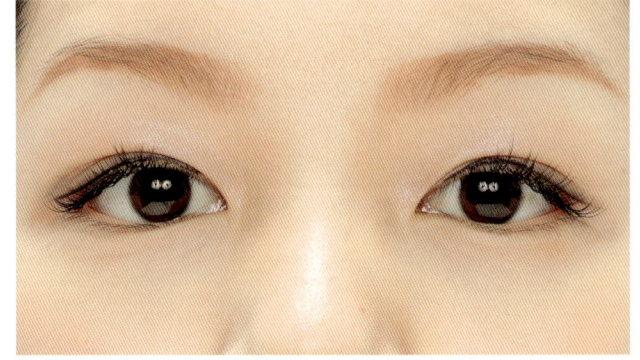

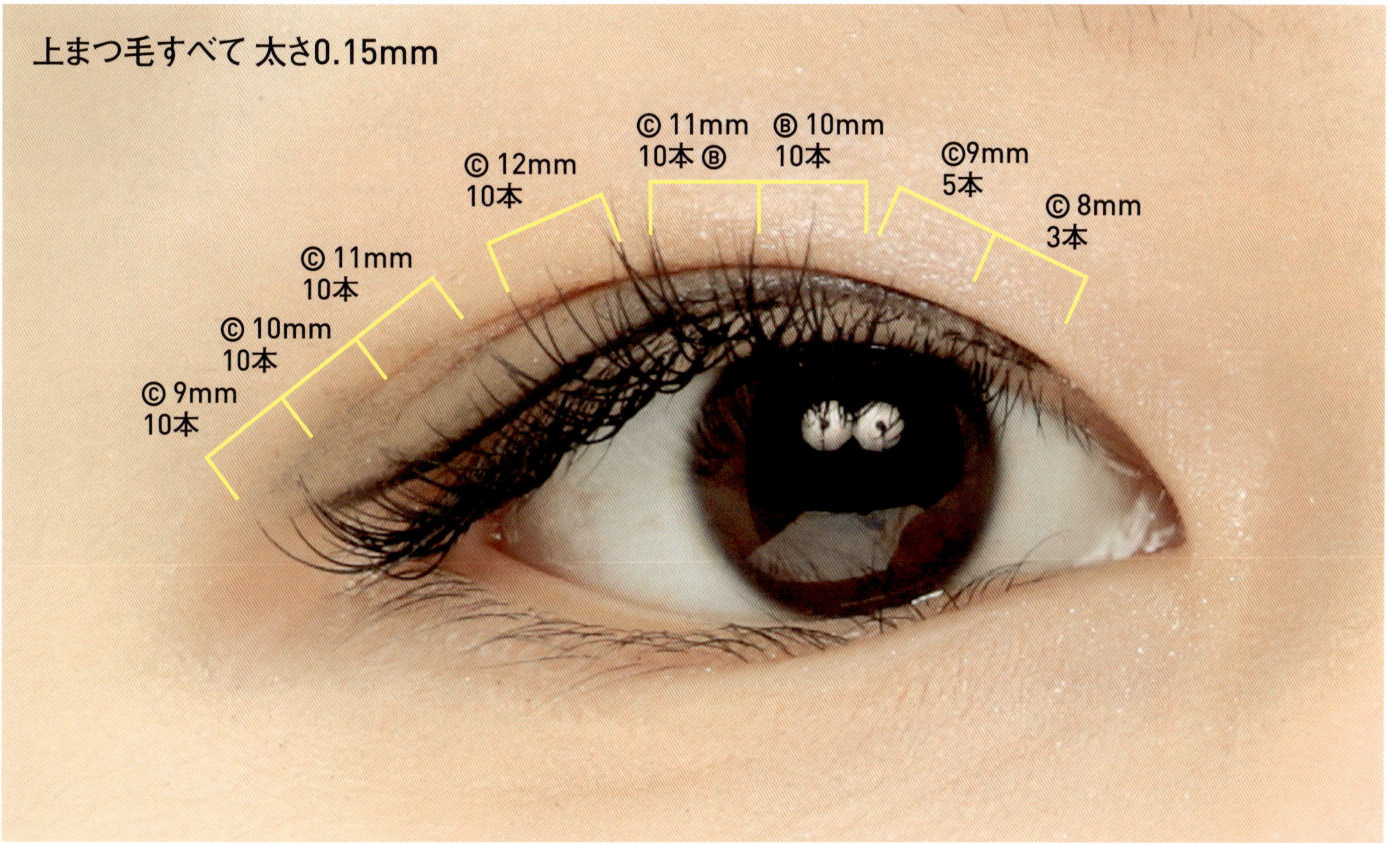

Cute & Natural

上まつ毛すべて 太さ0.15mm

- Ⓒ 12mm 10本
- Ⓒ 11mm 10本
- Ⓑ 10mm 10本
- Ⓒ 9mm 5本
- Ⓒ 8mm 3本
- Ⓒ 11mm 10本
- Ⓒ 10mm 10本
- Ⓒ 9mm 10本

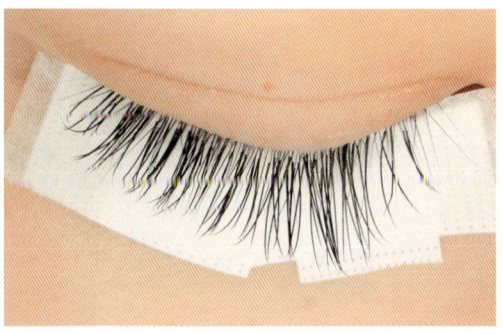

Extension Data

● エクステ本数
　　[右目] 68本
　　[左目] 68本

● 太さ　　0.15mm
● 長さ　　8mm、9mm、10mm、11mm、12mm
● 形状　　Cカール

施術時間　**68**分

地まつ毛が下向きなので、Cカールまたは、Dカールで目を大きく見せるか、Jカールで切れ長に見せることもできます。ここでは、Cカールで自然な上向きまつ毛に仕上げています。

Case Study 16

部分的に断毛したまつ毛のある二重

断毛で穴があいている目尻を補正して
ゴージャスに

Before

瞼／二重　まつ毛の太さ・長さ・量／普通　右が断毛している　目の形／普通

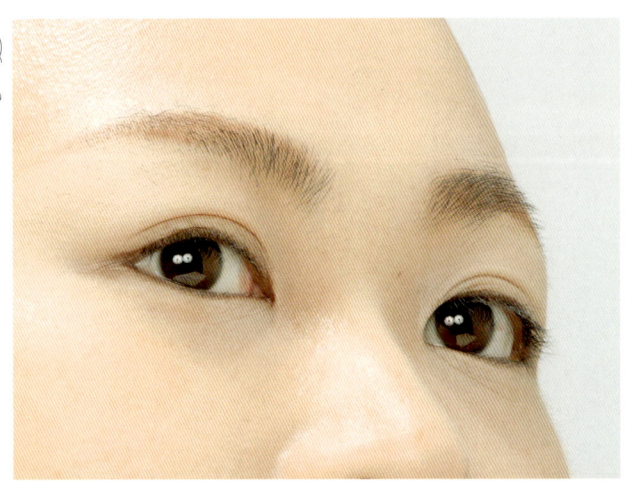
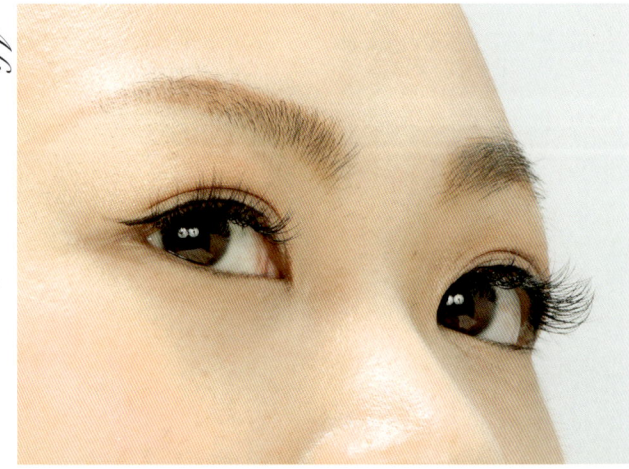

After

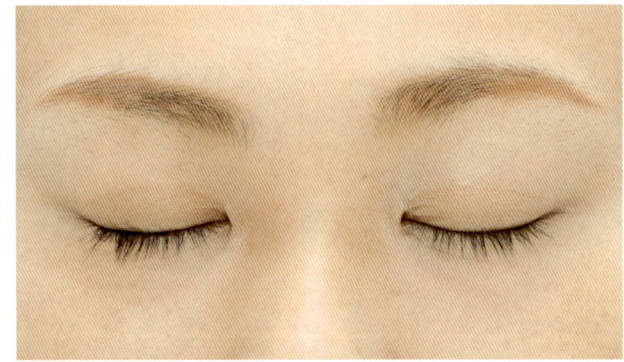

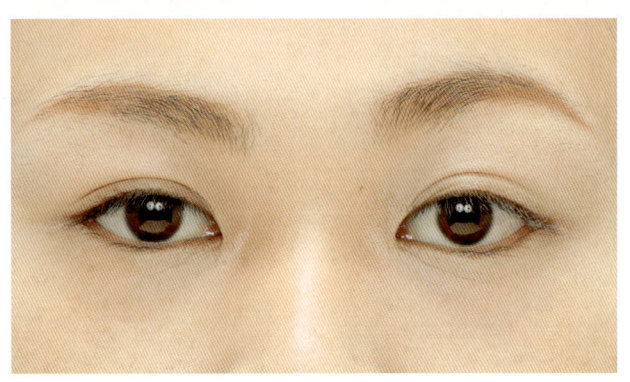
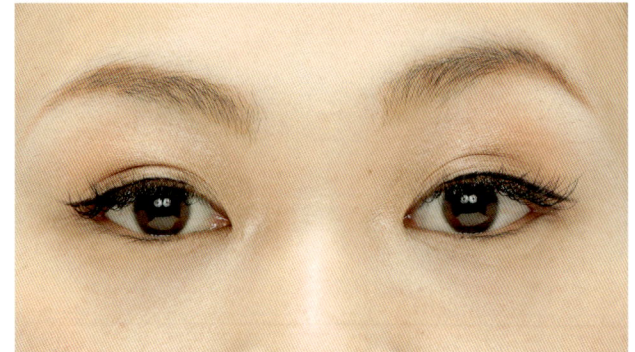

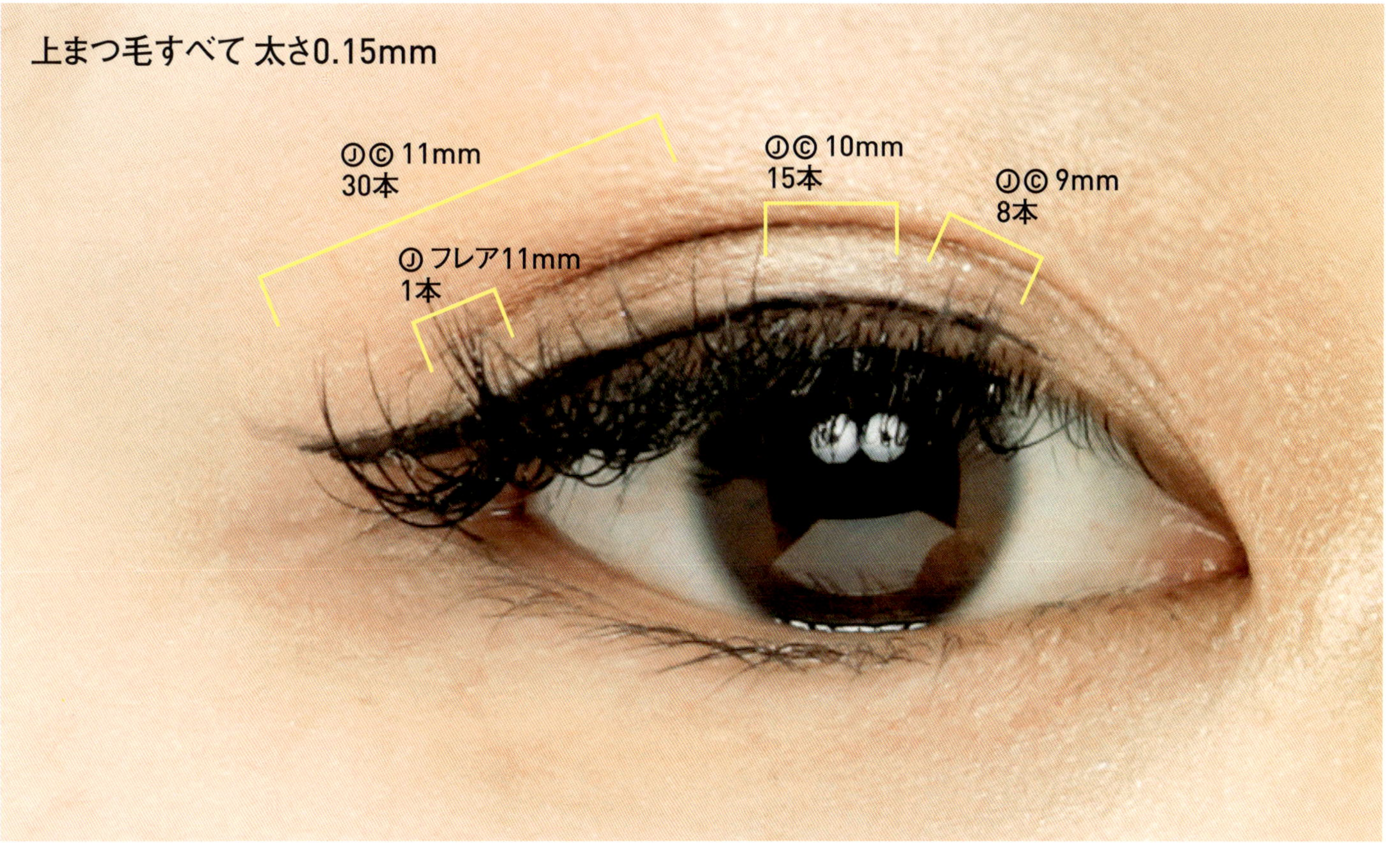

Gorgeous

上まつ毛すべて 太さ0.15mm

Ⓙ Ⓒ 11mm 30本
Ⓙ Ⓒ 10mm 15本
Ⓙ Ⓒ 9mm 8本
Ⓙ フレア11mm 1本

〈左目の場合〉

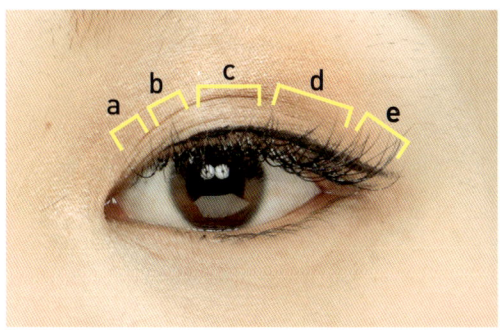

ベース0.15mm 他0.18mm

a ▶ Ⓙ 9mm 7本
b ▶ Ⓙ Ⓒ 10mm 11本
c ▶ Ⓙ Ⓒ 11mm 12本
d ▶ Ⓙ Ⓒ 12mm 16本
　　（太さ0.15mmと0.18mmをミックス）
e ▶ Ⓙ Ⓒ 11mm 16本
　　（太さ0.15mmと0.18mmをミックス）

Extension Data

- エクステ本数
  [右目] 53本
  ＋断毛部分フレア1本（まつ毛7本分）
  [左目] 62本
- 太さ　[右目] 0.15mm
  　　　[左目] 0.15mm、0.18mm
- 長さ　9mm、10mm、11mm、フレア11mm
- 形状　Jカール、Cカール

施術時間 **58**分

右目の地まつ毛が抜けおちている部分があるので、フレアを使って修正しました。左目にはフレアーの分、本数を多くして、目尻には0.18mmを使いバランスを取っています。

Case Study 17

一重と奥二重

ハリコシがなくなったまつ毛。
Bカール＆Cカールでゴージャスに

Before

瞼／右目は一重、左目は二重　まつ毛の太さ・長さ・量／すべて普通　目の形／普通

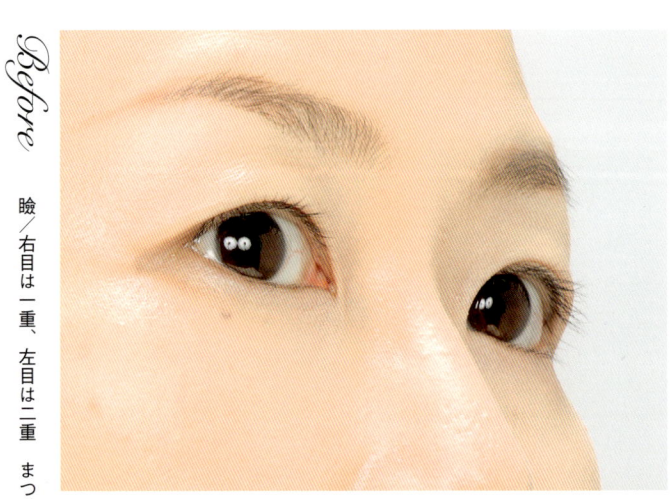

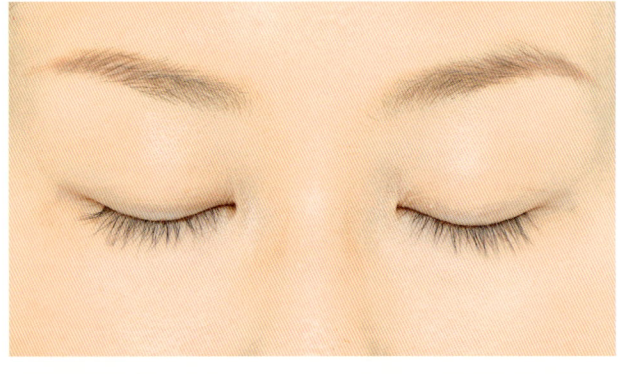

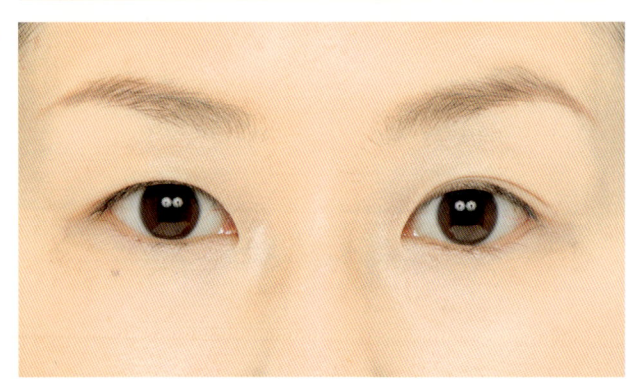
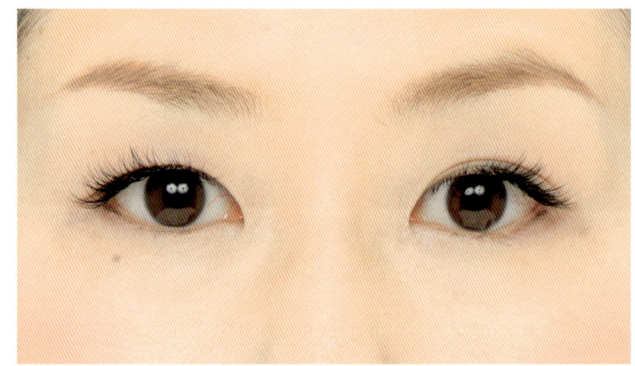

After

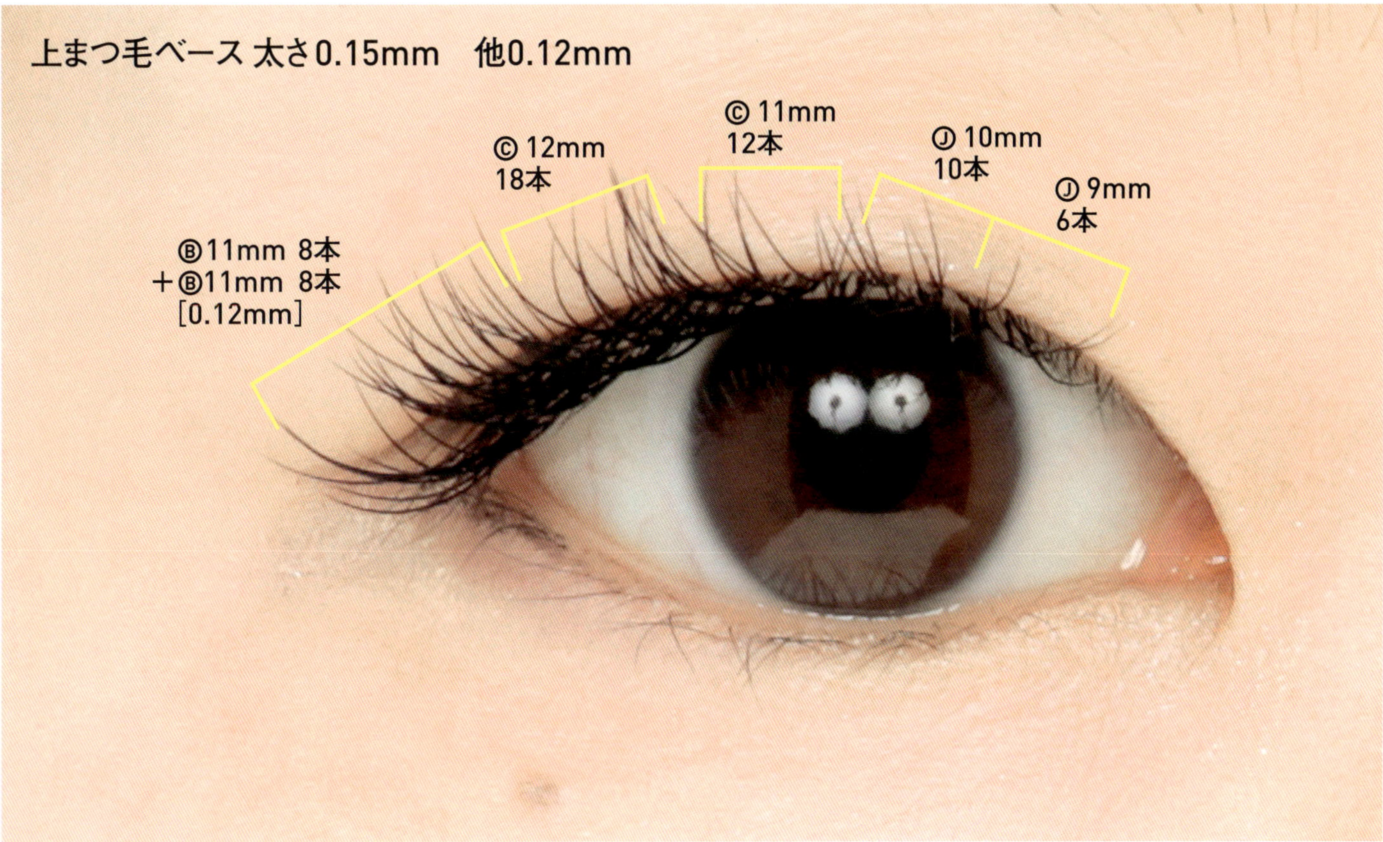

Gorgeous

上まつ毛ベース 太さ0.15mm 他0.12mm

Ⓑ11mm 8本
＋Ⓑ11mm 8本
［0.12mm］

Ⓒ12mm 18本

Ⓒ11mm 12本

Ⓙ10mm 10本

Ⓙ9mm 6本

〈左目の場合〉

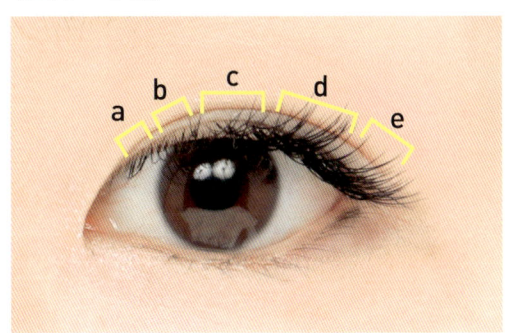

ベース0.15mm 他0.18mm、0.12mm

a ▶ Ⓙ9mm 7本
b ▶ Ⓑ10mm 11本
c ▶ Ⓑ11mm 12本
d ▶ Ⓑ12mm 16本
　　（太さ0.15mmと0.18mmをミックス）
e ▶ Ⓑ11mm 16本
　　（太さ0.15mmと0.18mmをミックス）

Extension Data

● エクステ本数
　［右目］62本
　［左目］62本

● 太さ　［右目］0.12mm、0.15mm
　　　　［左目］0.12mm、0.15mm、0.18mm
● 長さ　9mm、10mm、11mm、12mm
● 形状　Jカール、Bカール、Cカール

施術時間 **62分**

一重の右目はカールが出にくいのでCカールとBカール。二重の左目はBカールを付けて、左右のバランスを取りました。目頭は、ナチュラル感を出すためにJカールを付けています

83

Case Study 18

瞼のたるみ、二重の溝が複数

センターに高さを出して、
品のあるキュートな目元に

Before　瞼／ハリが無く、二重部分に複数の溝がある　まつ毛の太さ／細い　長さ・量／普通　目の形／やや小さい

After

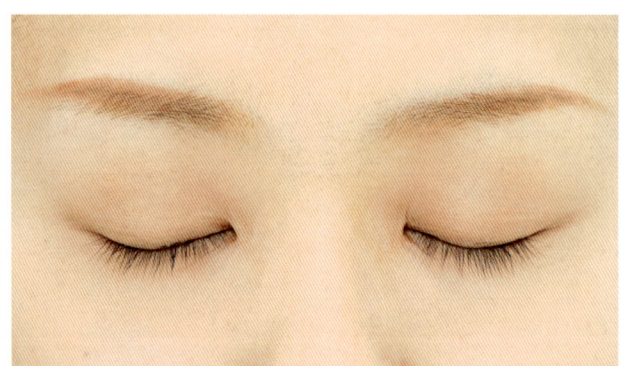

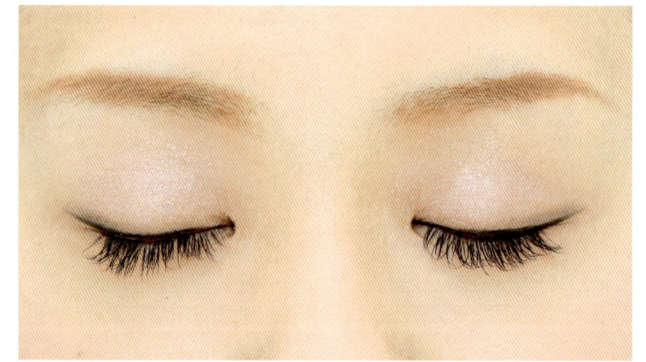

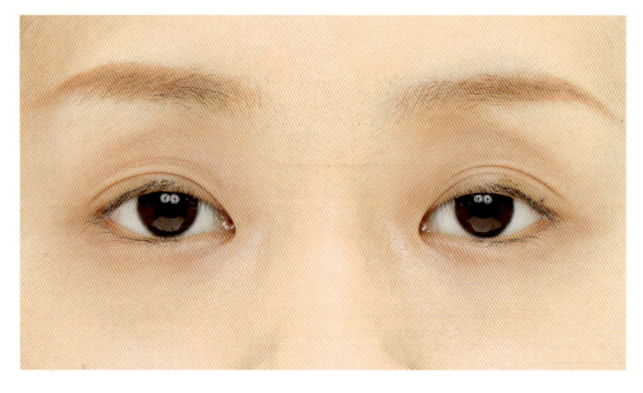

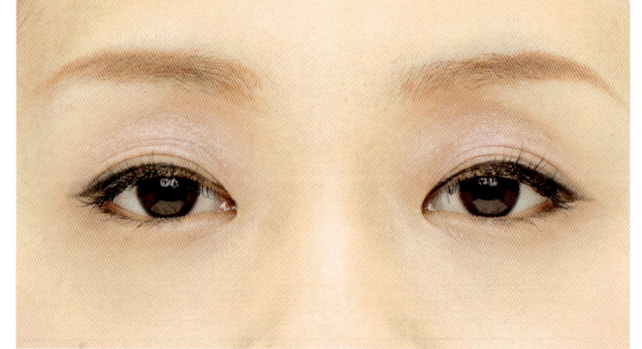

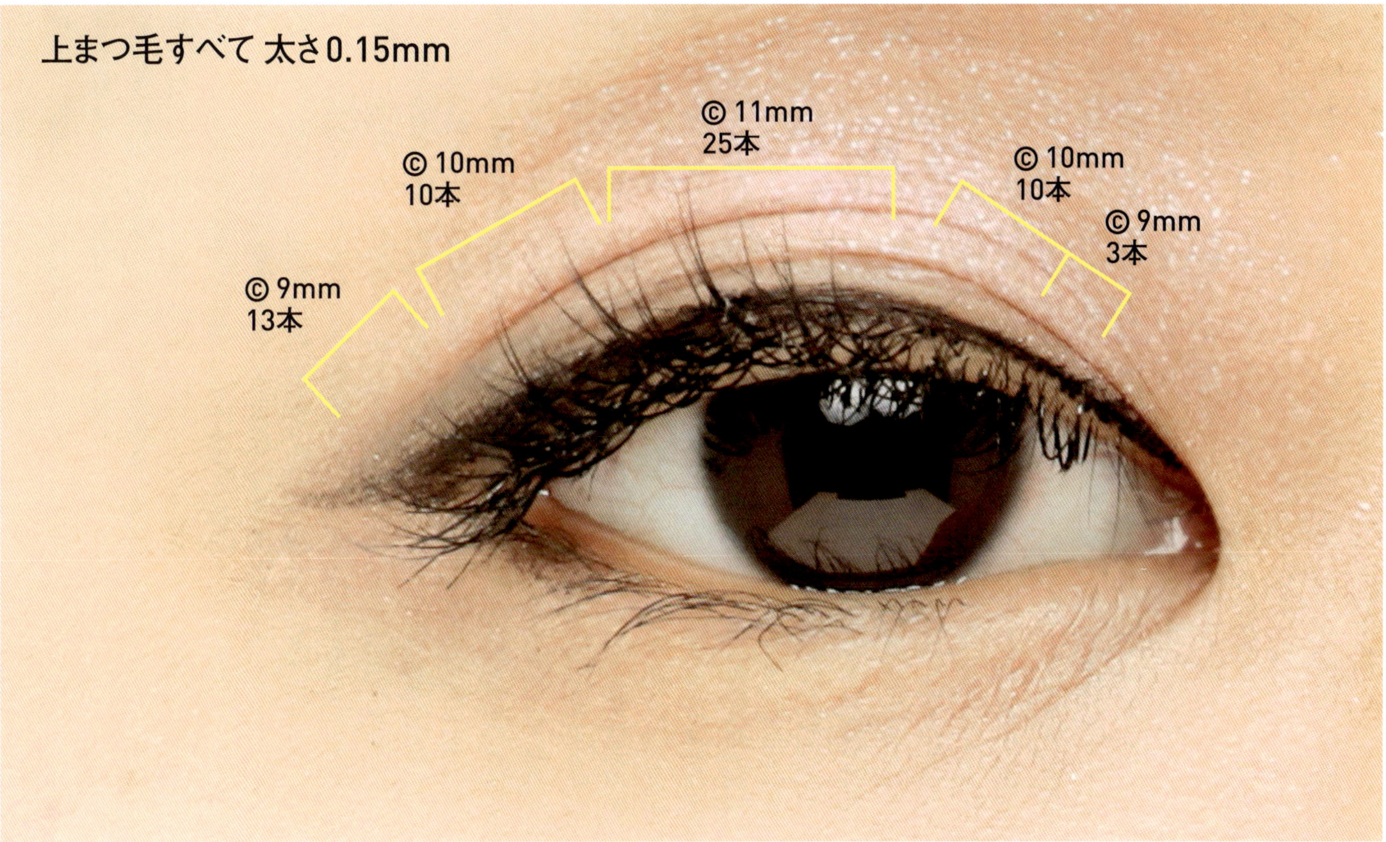

Cute

上まつ毛すべて 太さ0.15mm

ⓒ 11mm
25本

ⓒ 10mm
10本

ⓒ 10mm
10本

ⓒ 9mm
13本

ⓒ 9mm
3本

Extension Data

● エクステ本数
　［右目］61本
　［左目］61本

● 太さ　　0.15mm
● 長さ　　9mm、10mm、11mm
● 形状　　Cカール

施術時間 **61**分

二重で目が窪んでいるため、目尻にボリュームを持たせ、目頭〜中央にかけて長くしています。強めのカールで、目に力を与えました。

Case Study 19

まつ毛の生え方がまばらな二重で、毛が細くなってきた

Cカールで目力アップ！

Before

瞼／二重　まつ毛の太さ／普通　長さ／長い　量／多めで、まばらに抜けている　目の形／普通

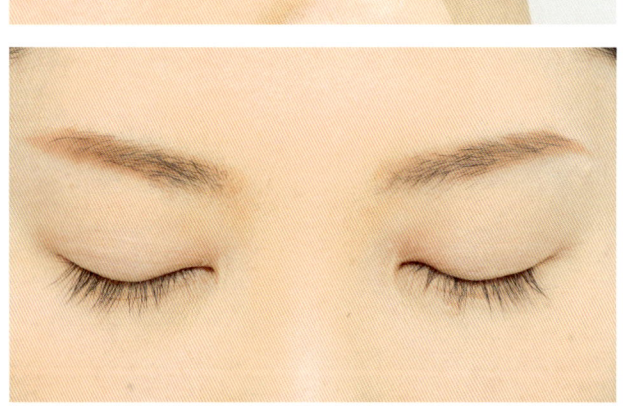
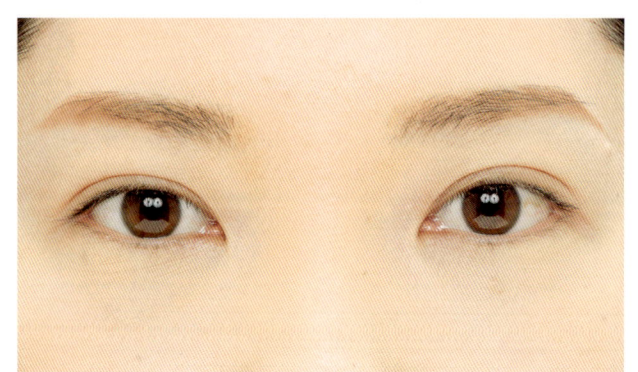

After

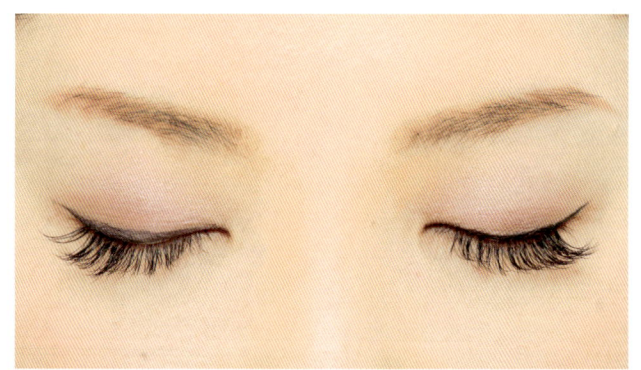
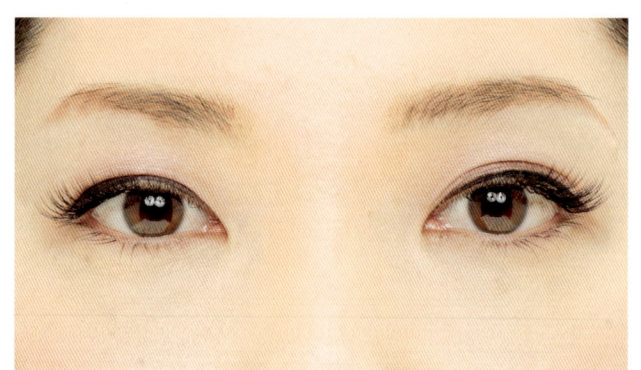

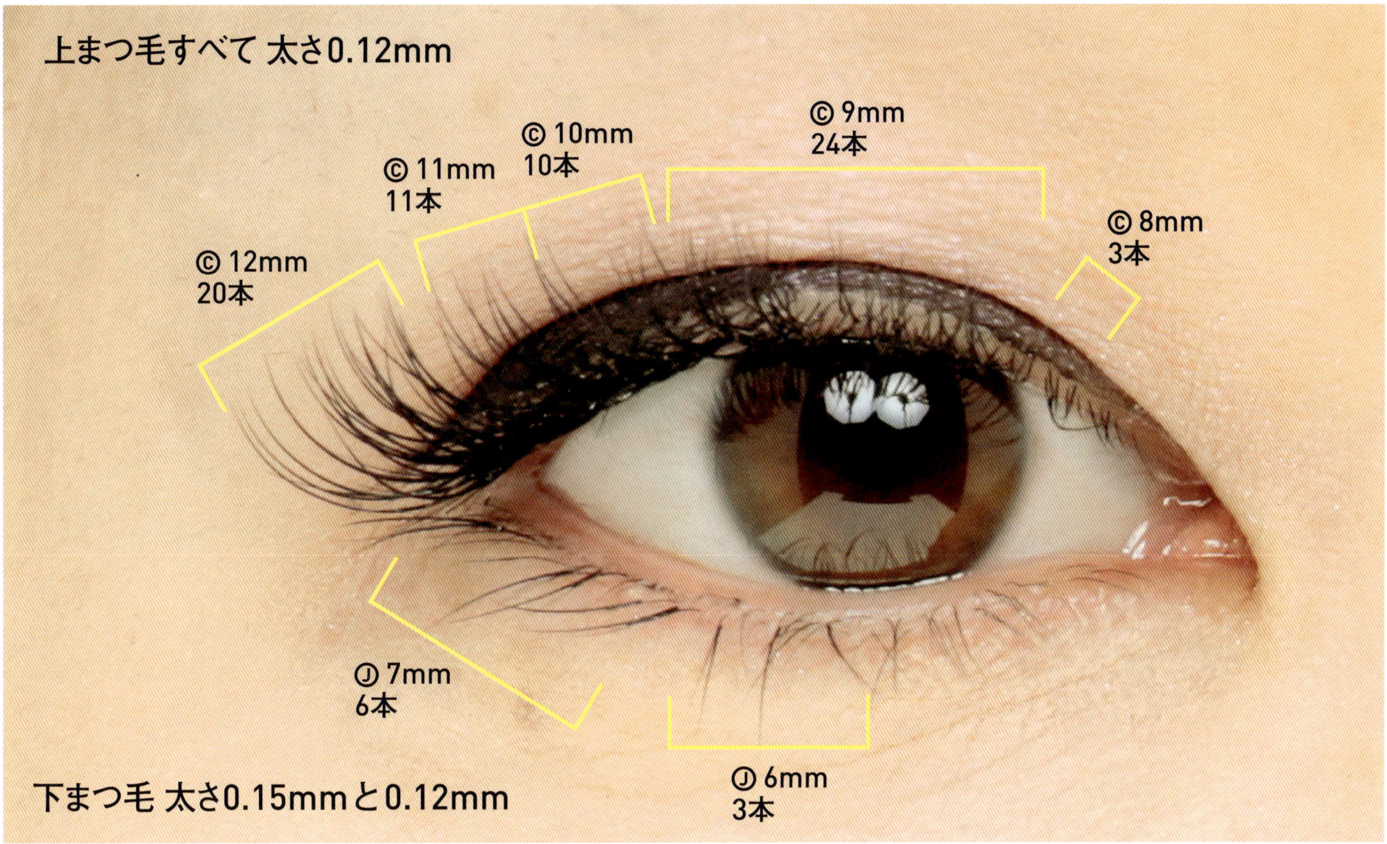

Cool

上まつ毛すべて 太さ0.12mm

ⓒ 12mm 20本
ⓒ 11mm 11本
ⓒ 10mm 10本
ⓒ 9mm 24本
ⓒ 8mm 3本
Ⓙ 7mm 6本
Ⓙ 6mm 3本

下まつ毛 太さ0.15mmと0.12mm

Extension Data

- エクステ本数
  [上まつ毛] 右68本、左68本
  [下まつ毛] 右9本、左9本
- 太さ [上まつ毛] 0.12mm
  [下まつ毛] 0.12mm、0.15mm
- 長さ [上まつ毛] 8mm、9mm、10mm、11mm、12mm
  [下まつ毛] 6mm、7mm
- 形状 [上まつ毛] Cカール
  [下まつ毛] Jカール

施術時間 **77**分

毛が細くなってくると、新生毛も細いことが多いので、根元付近からきちんとかき分けて成長初期の毛を見つけて付けましょう。今回は、細くなった地まつ毛に合わせて長さ0.12ミリのCカールを使い、目尻にむかって徐々に長さを出しています。

Case Study 20

痩せた目元で黒目が大きく、二重の溝が複数

アイライン効果を活かし、
Bカールで優しく若々しい印象に

Before

瞼／複数のラインがある二重　まつ毛の太さ／細い　長さ／短い　量／多い　目の形／大きい

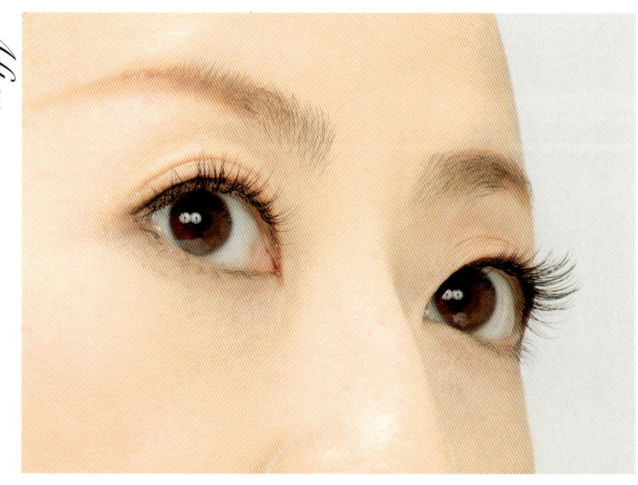

After

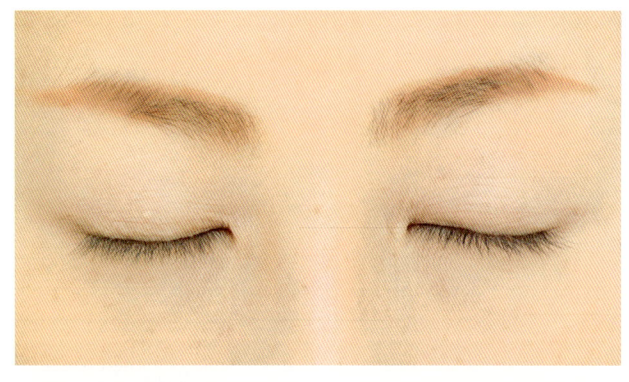

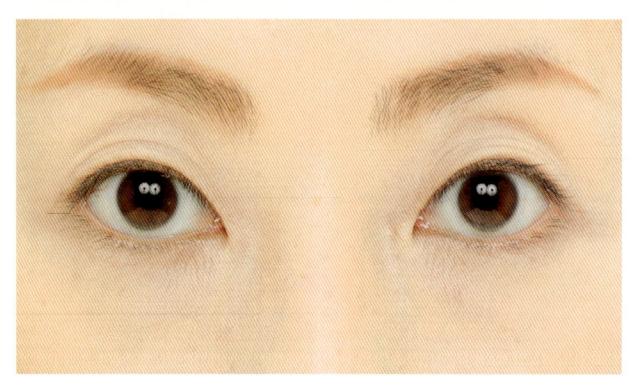
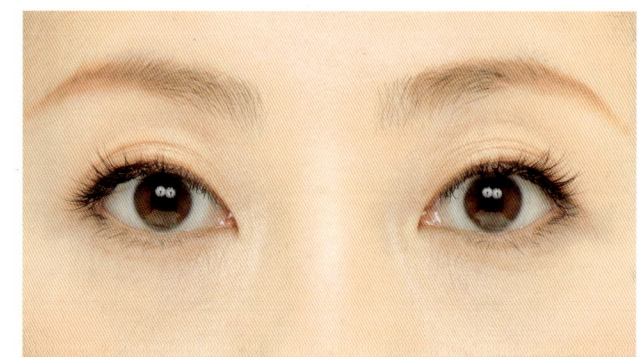

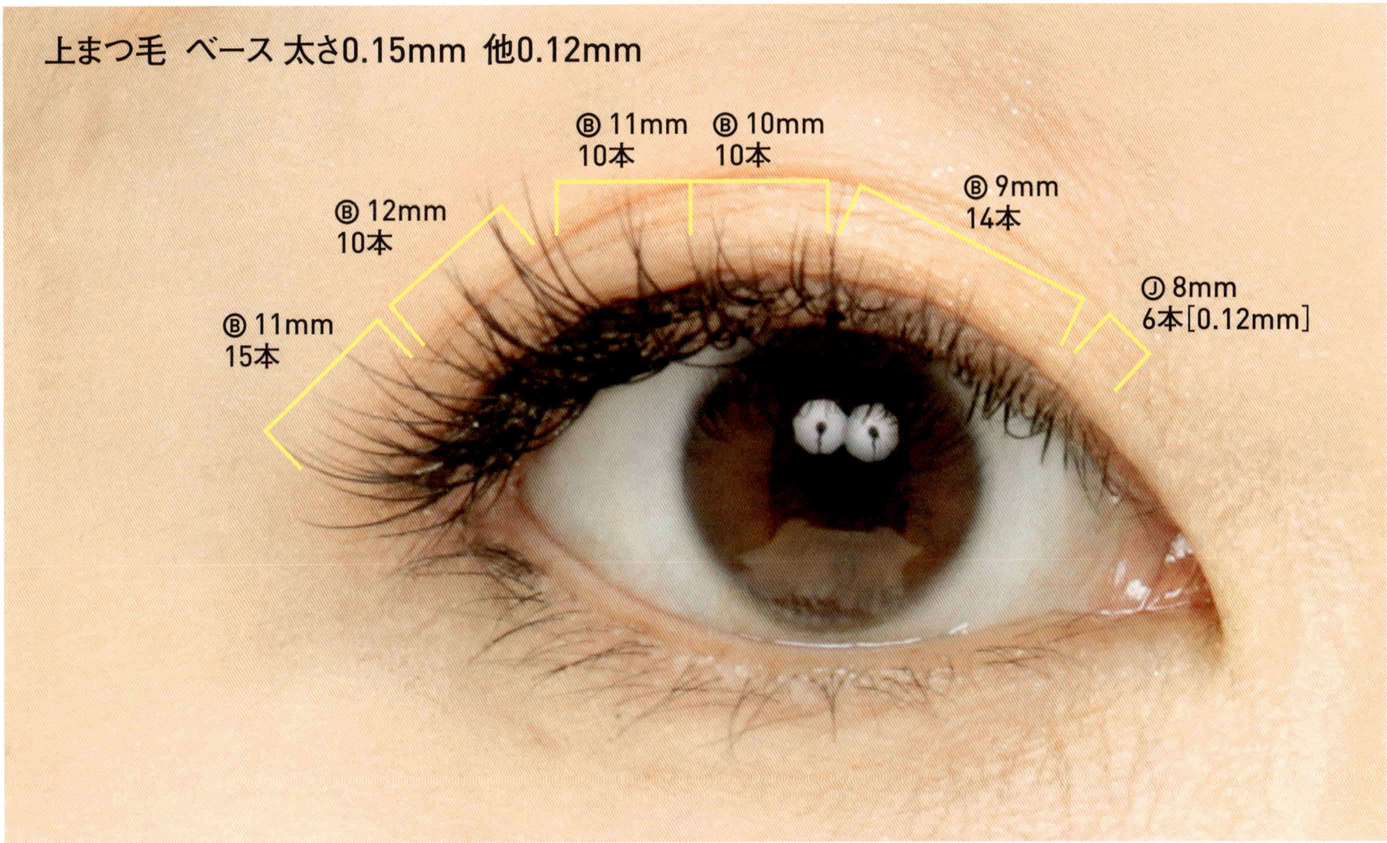

Gorgeous

上まつ毛 ベース 太さ0.15mm 他0.12mm

Ⓑ 11mm 10本
Ⓑ 10mm 10本
Ⓑ 12mm 10本
Ⓑ 9mm 14本
Ⓑ 11mm 15本
Ⓙ 8mm 6本 [0.12mm]

Extension Data

● エクステ本数
　［右目］65本
　［左目］65本

● 太さ　0.12mm、0.15mm
● 長さ　8mm、9mm、10mm、11mm、12mm
● 形状　Jカル、Bカル

施術時間 **65**分

地まつ毛が短くても大きな目のタイプは、長めのエクステでBカールのようなカールにするとゴージャス感が出ます。エクステを眼球側の生え際に装着して、アイライン効果を狙いました。中高年になると瞼の皮膚がたるむので、装着テープが食い込まないように貼ること。また、アップテープの装着面を広く貼って引き上げるとエクステが装着しやすくなります。

Case Study 21

二重で窪んだ目元

ビューラーでしっかりアップさせたような目力のある印象に

Before 瞼／二重　まつ毛の太さ・長さ・量／すべて普通　生え方が下向き　目の形／窪んでいる

After

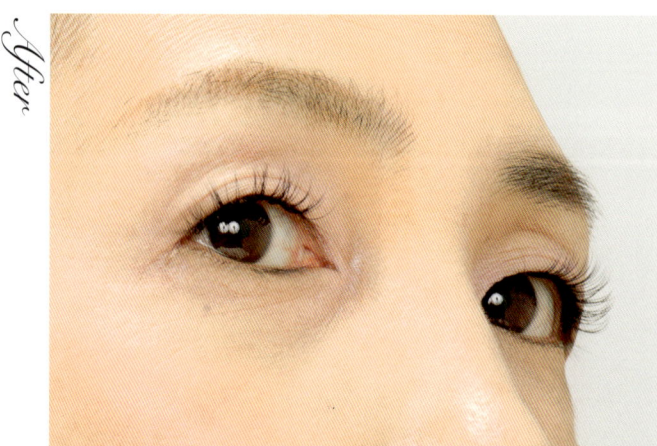
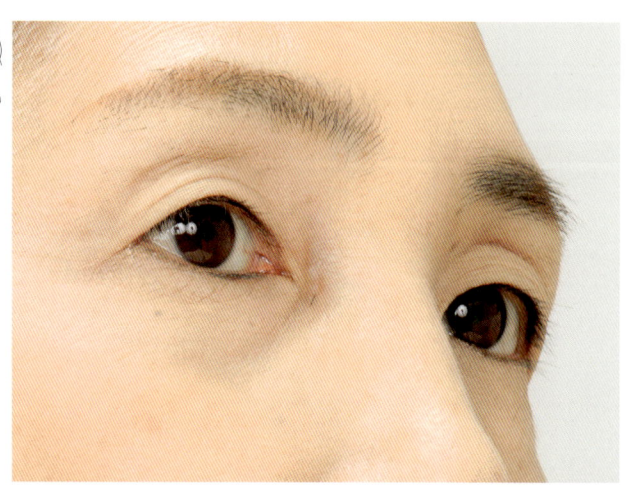
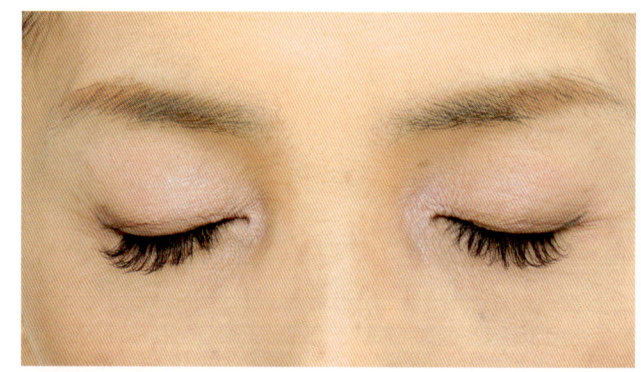
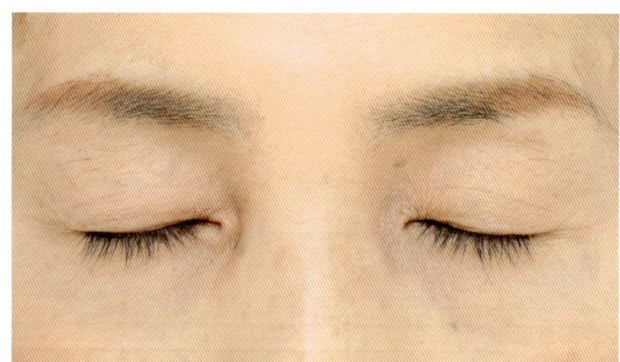
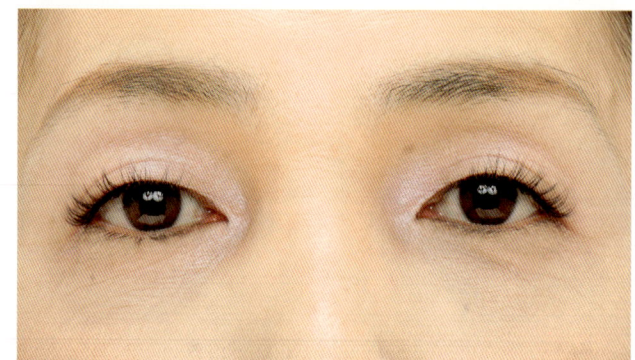
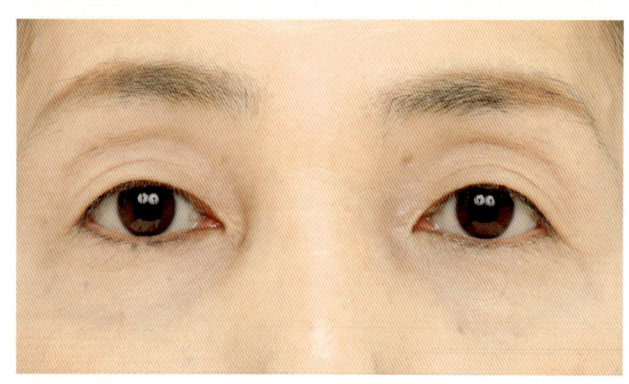

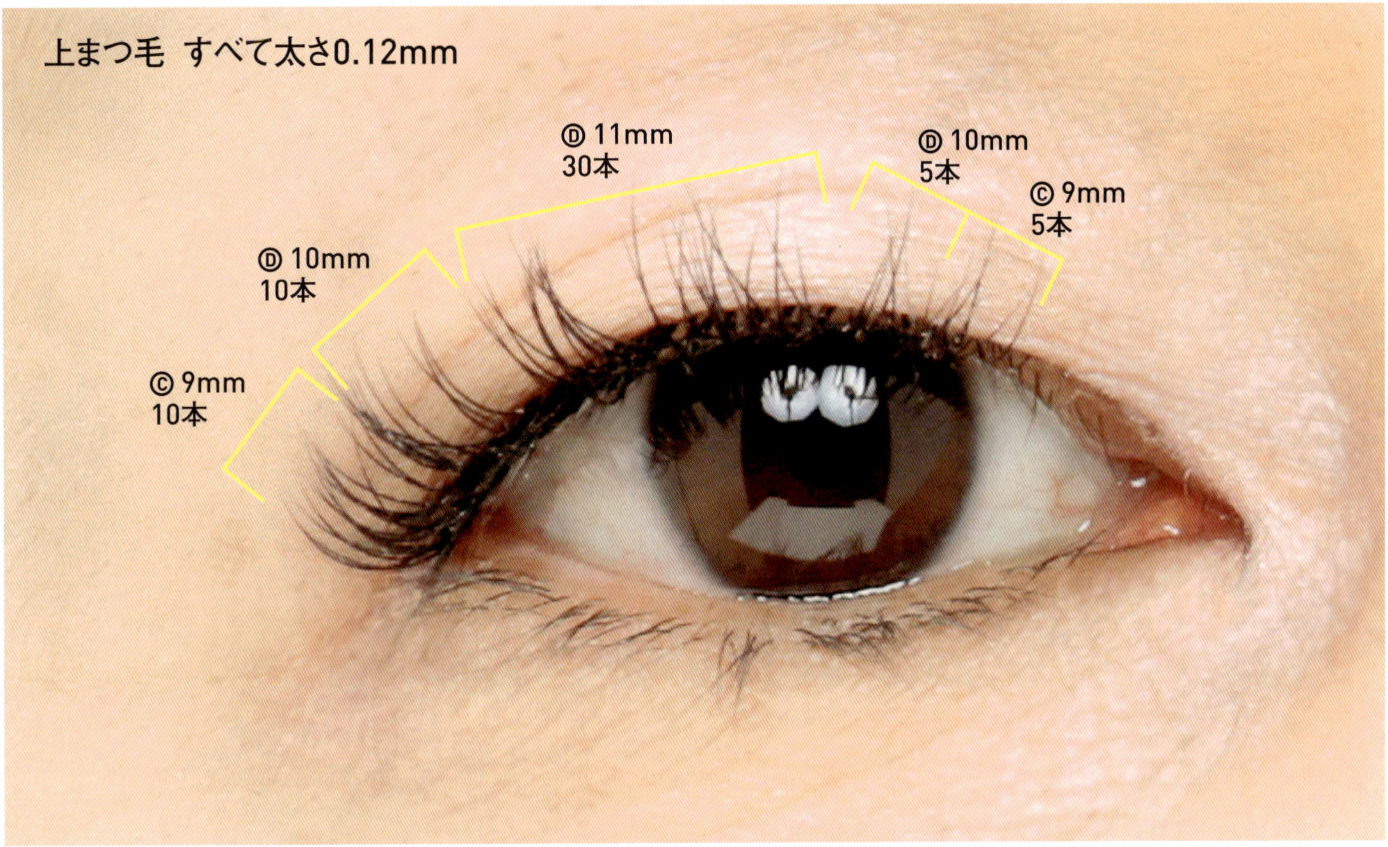

Cute & Natural

上まつ毛 すべて太さ0.12mm

Ⓓ 11mm 30本
Ⓓ 10mm 5本
Ⓒ 9mm 5本
Ⓓ 10mm 10本
Ⓒ 9mm 10本

Extension Data

- エクステ本数
  - [右目] 60本
  - [左目] 60本

- 太さ　0.12mm
- 長さ　9mm、10mm、11mm
- 形状　Cカール、Dカール

施術時間 **60** 分

40代以上の年齢の方には、エクステの太さ、長さ、カールすべてにおいて、少し抑え目にして自然な印象の目元に仕上げるのが基本です。また、アンダーテープを貼る際に、目が窪んでいるとまつ毛が入り込むことがあるので、根元からしっかり起こすようにしましょう。今回は、センターに長くて強めのDカールを装着して、下向きのまつ毛を上向きにしっかり上げています。

Case Study 22

瞼に厚みがあり、二重の溝が浅い

短めのDカールで、違和感なく目を大きく見せる

Before

瞼／厚みのある二重　まつ毛の太さ／細い　長さ／短い　量／やや少ない　生え方が下向き　目の形／普通

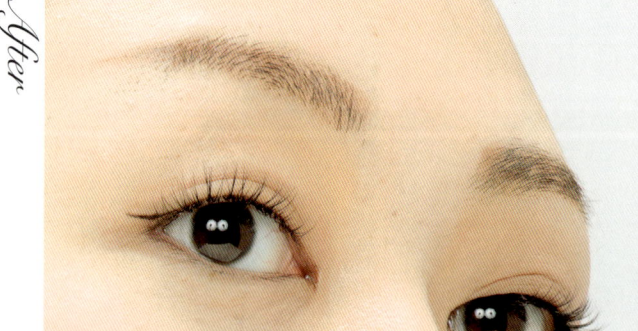

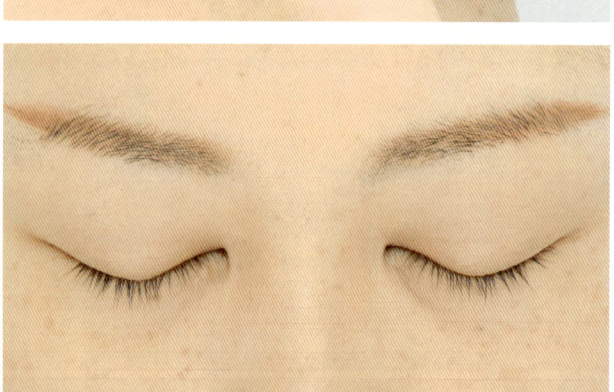

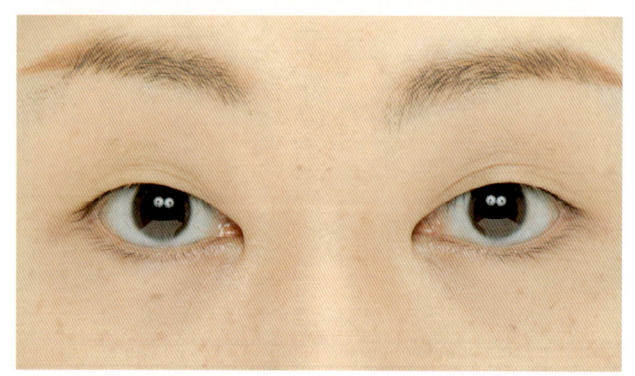

After

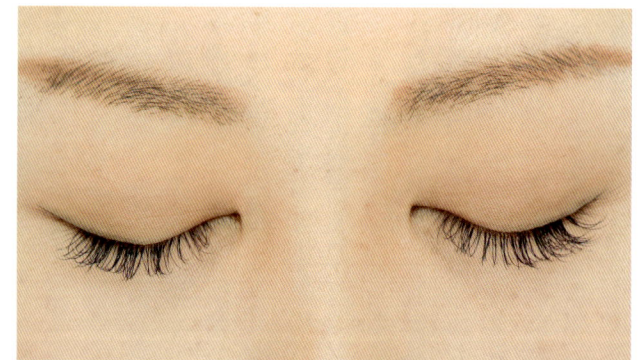

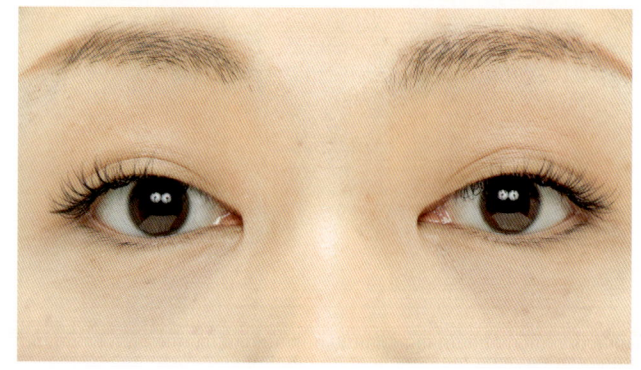

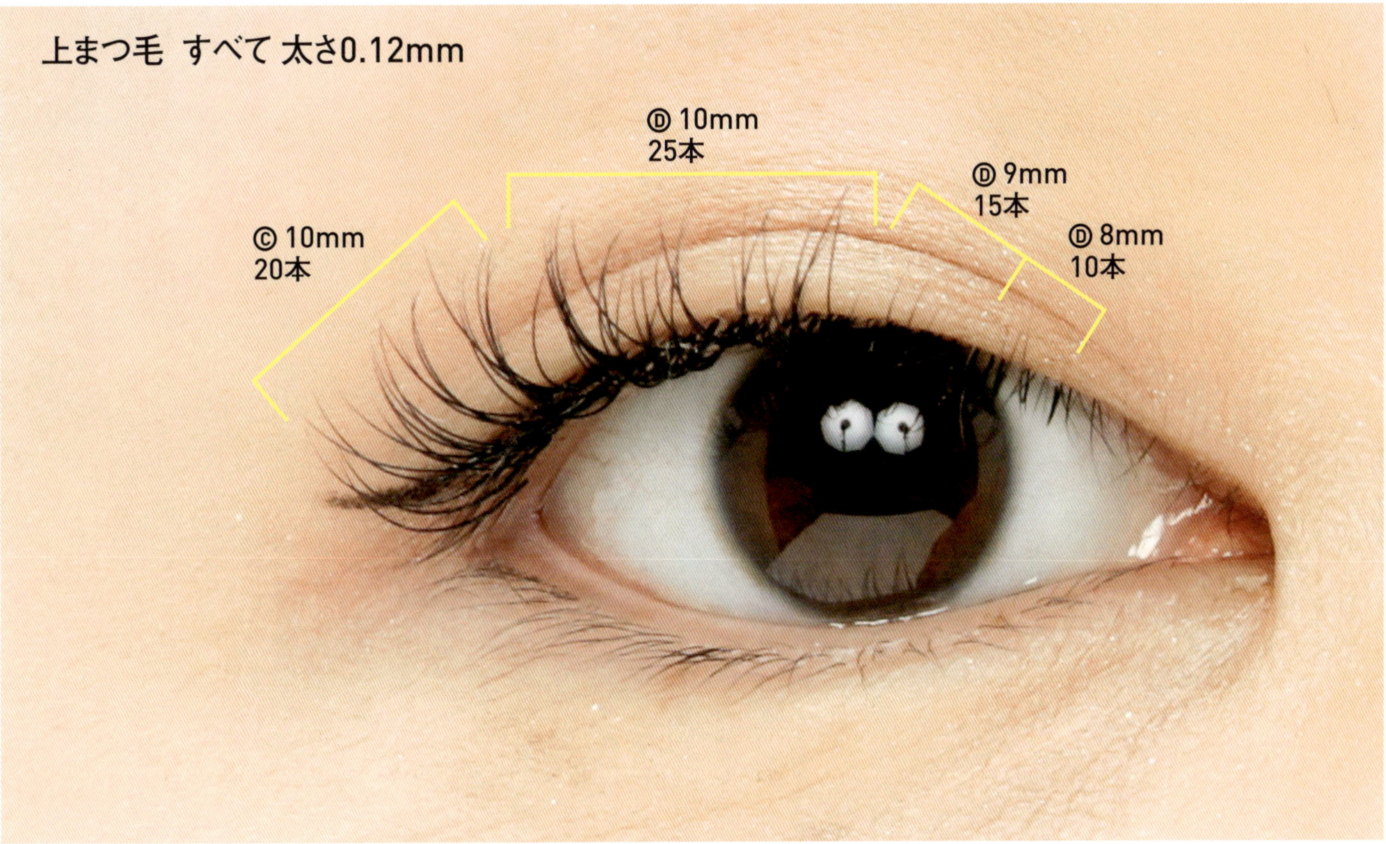

Natural

上まつ毛 すべて 太さ0.12mm

Ⓒ 10mm 20本
Ⓓ 10mm 25本
Ⓓ 9mm 15本
Ⓓ 8mm 10本

Extension Data

- エクステ本数
  [右目] 70本
  [左目] 70本

- 太さ　0.12mm
- 長さ　8mm、9mm、10mm
- 形状　Cカール、Dカール

施術時間 **70** 分

厚ぼったい目元でも、目尻を長くして少し強めのカールにすることで、瞼が上がってスッキリして見えます。今回は、まつ毛が細く少ないので、馴染みやすいように0.12mmの太さで、地まつ毛と馴染むように長さは8mm～10mmの短めで自然な仕上がりにしています。

サロンワーク

実践編

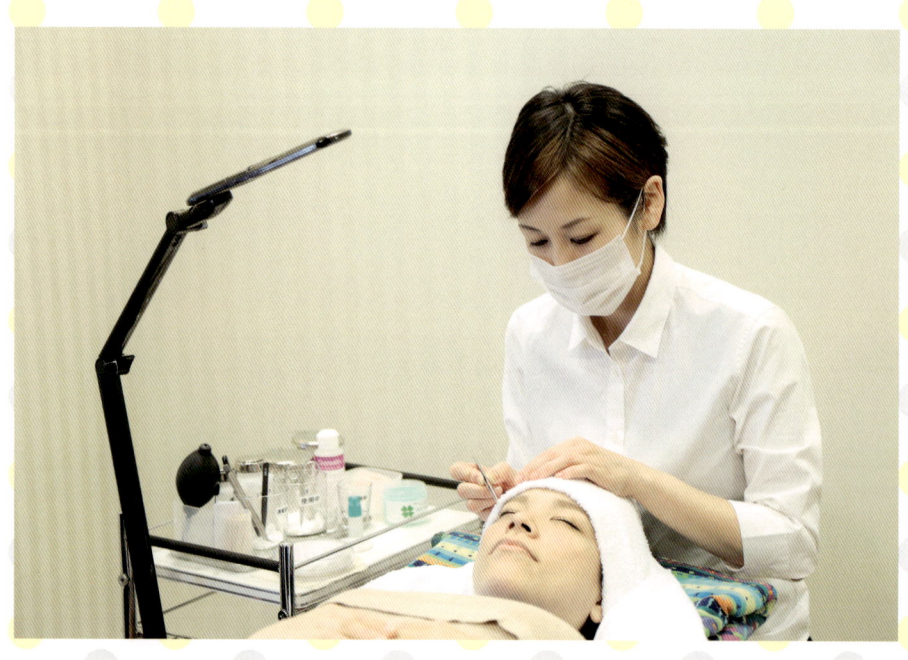

サロンでの施術環境

衛生的で効率よく施術が行えるスペースを確保し、お客様が
疲れず、心地よく施術いただける環境を整えることが大切です。

予約を受けるときの注意事項

電話では
- 最初に、まつ毛エクステ経験の有無を確認します。初めて施術される方は、アレルギー反応を起こす可能性があるので、パッチテストを行いましょう。
  ※パッチテスト：両目に3〜5本ずつ装着し、48時間経過を見て、安全な施術が可能かを確認します。
  ※ホルムアルデヒドアレルギーの方は施術できません。
- 来店時にビューラーをしていると、地まつ毛の生え方やクセなど形状が確認しにくくなります。マスカラは、施術の妨げになるので避けていただきます。
- コンタクトレンズは、施術前に外して専用ケースに保管していただきましょう。装着後はコンタクトレンズの装着が困難になることがあるので、メガネをお持ちの方には持参していただきます。
- レーシック手術、目の周りの美容整形、アートメイクの経験者であれば、術後半年間は施術を控えていただきます。
- メイクが崩れる可能性があるので、なるべく普段使っているメイク道具を持参していただきます。
- 施術当日は、サウナ、ホットヨガ、水泳など、まつ毛を濡らす行為はできないことを伝えます。

カウンセリングでは

体調について
現在、目の周りに病気・トラブルなどがあるか。また、健康状態や妊娠中かを確認します。

エクステについて
地まつ毛1本に対して、人工毛（ポリエステル）1本を、根元1〜2mm空けて装着することを説明します。

毛周期について
まつ毛も頭髪同様毛周期があり、30日〜90日で生え変わって地まつ毛が抜け落ちること。その毛にエクステが付いていれば一緒に取れることを説明します。

グルーについて
装着には、まつ毛専用の接着剤を使用します。装着時に揮発成分の影響で目が沁みたりするので、施術中は目を開けないでいただくこと。また、完全に固まるまでの約24時間はできるだけ濡らさないこと。濡らすと肌を刺激する可能性があることを、お客様が怖がらないようにシンプルに説明します。グルーは、油分に弱いので、オイル系クレンジングの使用は避けることを伝えます。

施術時間について
デザイン（装着本数）と施術者の技術力によって異なりますが、60本につき約30分有することを踏まえて、自身の技術力に合わせて伝えましょう。

デザインについて
希望のデザインやまつ毛の悩みを尋ね、まつ毛・目元のチェックをしていきます。

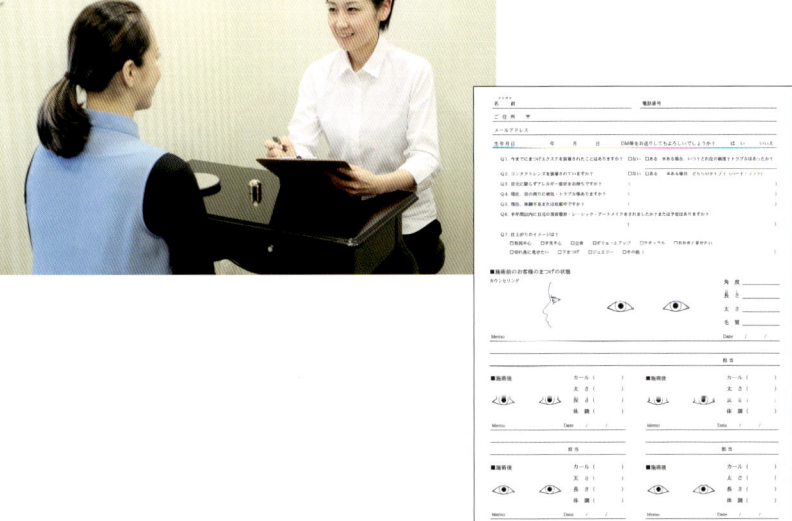

〈カウンセリング用カルテ〉

まつ毛・目のチェック項目

- 顔と目のバランス（大きい・小さい・寄り目・離れ目）
- 目の形（つり目、たれ目、切れ長、丸い、長い、長い）
- 瞼の形（一重、二重、奥二重、厚ぼったい、窪んでいる）
- まつ毛の生え方（下向き、上向き、横に流れている、不揃い）
- 長さ（長い、普通、短い）
- 太さ（太い、普通、細い）
- 毛量（多い、普通、少ない）
- 毛質（ストレート、クセあり、傷んでいる、健康毛、まつ毛カール）
- 穴があいている
- 断毛している…etc

カウンセリングの結果を踏まえて、希望のデザインが可能かどうか判断します。できない場合は、お客様のまつ毛の状態を伝え、可能な施術内容を説明しましょう。

まつ毛と目元の状態を正確に確認するために、お互いが正面に向き合います。自分（技術者）の顔の正面に人差し指を立てて、指先にお客様の目線を合わせていただくとチェックしやすくなります。

アフターケアの注意事項

まつ毛エクステンションを長く美しく保つためには、お客様のホームケアが不可欠です。サロンでの施術が完璧でも、自宅でのケアが不十分だと、お客様の要望を叶えることができないと同時に、クレームにもつながりかねません。サロンでの施術とホームケアの両方が大切になります。

お客様にホームケアの必要性と、自宅できちんと取り組めるようにホームケアの方法、注意点、日々の生活でのアドバイスを行い、それに必要な商品があれば使用方法を説明しましょう。また、帰宅後に目や皮膚の違和感、異常を感じた時の対処法も伝えることが必要です。万が一の事故に備え、日頃からエクステンションに理解があり、相談のできる近隣の眼科や皮膚科など専門医を探しておくようにしましょう。

ホームケアでは

- 完全に乾く前に水分が付着すると持続力が弱まったり、肌の刺激や白化する可能性があることを伝えます。
- 洗顔の際は、まつ毛に負担をかけないように泡立てた泡を、両手でまつ毛に優しく上から浸み込ませるイメージで殺菌していただきます。
- メイクをオフするクレンジングはオイルフリーか、ジェル状のクレンジングを使用していただきます。
- シャワーは、直接当てないこと。水圧でエクステの方向が変わってしまったり、早く外れる原因になります。手の平でお湯をかけるようにして洗い流していただきます。
- マスカラは、基本的にはしないこと。使用するなら、お湯で落ちるタイプを使用していただきます。
- うつ伏せの体勢で寝ないようにしていただきます。
- ビューラーは使用禁止です。

トラブル対応について

異和感、かゆみ、痛み等のトラブルがあった場合、必ずしもまつ毛エクステが原因だと判断できないということを多く聞きます。もしそうであっても、なくても、お客様から相談があれば、適切な対処を取らなければなりません。
万が一の事故に備え、対処法、注意事項の例に、次の内容があります。
※まつ毛エクステは「美容行為」のため、同業組合の美容保健（美容所賠償責任補償制度）の摘要が受けられます。

施術中
施術中に痛みやかゆみなどの症状が出た場合は、施術を中断します。万が一目の中にグルーやリムーバーが入った場合は、流水で洗い流しましょう。特にグルーは、目の中の水分と反応して固まるので、目の上からこすると角膜などを傷つけてしまいます。
※点眼は医療行為ですので、絶対に行わないで下さい。

施術後
退店後、かゆみ、痛み、異物感、腫れ等の違和感があれば、必ず連絡をいただき、直ぐにオフして下さい。また、症状が治らない場合は、専門医に受診していただくことを伝えます。絶対に、自己判断で市販の目薬やかゆみ止め等を使用しないように。また、医療行為的な判断を行わないように注意して下さい。症状が改善するまでサポートしましょう。

装着したエクステが取れた場合
前処理が不十分だった可能性があるので、前処理の施術を見直すのとグルーが劣化していないかを確認しましょう。同時に、ホームケアを徹底しましょう。

安全な施術を行うための
チェック項目

サロンワークや自主練習で、技術力と衛生面を確認することが大切です。

〈チェックリスト〉

身だしなみ
- [ ] ヘアスタイル、服装は施術の妨げになっていないか？
- [ ] 爪は長すぎないか？

用具の準備
- [ ] 商材は、すべて揃っているか？
- [ ] コットン、綿棒は蓋付きの容器に入っているか？
- [ ] テープは、容器に入っているか？
- [ ] ゴミ袋は設置されているか？
- [ ] 消毒済み、未消毒のツイザー入れは、用意されているか？
- [ ] ステリライザーのコットンは、アルコール臭がするか？

消毒
- [ ] リング、ブレスレット、時計など、アクセサリーは身に付けていないか？
- [ ] 人工毛を指で触っていないか？
- [ ] 額にタオルを乗せているか？

テープ貼り
- [ ] 下まつ毛は、はみ出していないか？
- [ ] 眼球や粘膜に当たっていないか？
- [ ] 目頭、目尻に食い込んでいないか？
- [ ] アップテープで目が開いていないか？

プレケア
- [ ] 綿棒とマイクロスティックで、まつ毛の汚れを取っているか？
- [ ] 精製水のみで前処理をしていないか？
- [ ] テープが綿棒の水分で、びしょびしょになっていないか？
- [ ] 装着する根元1～2mmを綺麗にできているか？

グルー
- [ ] よく振って適量を出しているか？
- [ ] 口をペーパーで拭いているか？
- [ ] プレートにアルミをひいているか？
- [ ] 15分～20分に1回、新鮮なグルーを出しているか？

施術
- [ ] ツイザーが眼球に向いていないか？
- [ ] 手やツイザーが眼球を向いていないか？
- [ ] リフトしていないか？
- [ ] まつ毛1本に対して、エクステ1本を装着できているか？

ドライアップ
- [ ] 上まつ毛から下まつ毛に向かって風を送っているか？
- [ ] 左手を目の下側に添えているか？

リムーブ
- [ ] 肌にリムーバーが触れていないか？
- [ ] 無理にエクステを引張っていないか？
- [ ] 装着部分にリムーバーがしっかり乗っているか？

〈ウイッグを使っての自主練習〉

テクニックの上達には、練習が欠かせません！

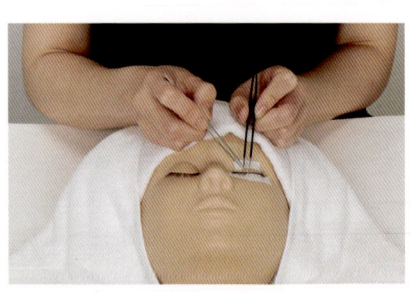

練習ポイント
- 装着では、根元1mm～2mmを空ける。
- かき分けは、ツイザーが瞼、アンダーテープに触れないように。
- 1本ずつ丁寧に装着して、リフトしないように根元の角度に気をつける。
- 手はタオルから離さないようにして安定させる。
- 60分で60本を目標に！

Eyelash Extension

Q & A

よくある質問と回答を18問の「Q&A」に集約しました。参考にして下さい。

Q1 「リフト」って何ですか？
A 装着したエクステンションの根元が浮いている状態です。まばたきの際に角膜を傷つける恐れがあり、また取れやすい状態でもあります。

Q2 「ライン」って何ですか？
A ホワイトラインとも呼びます。エクステが、根元から1～2mm離れて装着されている状態です。

Q3 アンダーテープのベストな貼り方を教えてください？
A 眼球側の面が浮かずにピッタリくっつき、下まつ毛が1本もはみ出さず、肌に食い込んでいない状態が理想的です。

Q4 エクステが、すぐに外れてしまうのはどうして？
A 前処理時の油分やメイクの残り等の除去不足が考えられます。一つ一つの行程を見直しましょう。例えば、グルーの劣化・グルーが少なすぎ・グルーを付けてからの時間がかかり過ぎ・退行期の毛に装着したなどが挙げられます。

Q5 前処理後のまつ毛は、どうなっていればいいですか？
A まつ毛1本、1本が離れて束になっていない状態です。綿棒とマイクロスティックをこすり合わせたときにキュッキュッという感覚があればOKです。

Q6 施術するのに資格は必要ですか？
A 平成20年に美容師法が見直され、まつげエクステンションを行うサロンは美容所登録が必要となり、技術者には美容師免許が必要となりました。

Q7 施術中にお客様が眠ってしまうことがあります。そのまま施術を続けても大丈夫ですか？
A ツイザーやグルーを扱いながら目元で作業しているので、急に動かれると危険な場合があります。できるだけ眠らないようにして頂きましょう。

Q8 初めてまつ毛エクステを付けますが、何本くらいつけたらいいのですか？
A 初めての方には、80本～120本の本数をオススメします。ナチュラルに仕上げたい方は80本、目力をもう少し上げたい方は120本です。本数が少ないとエクステを付けたところだけが目立ち、取扱いに慣れていない方はすぐに取れたように感じてしまいます。

Q9 エクステはどのくらい持ちますか？
A お客様のまつ毛の状態や、グルーにもよりますが、平均で3～4週間になります。まつ毛の毛周期と一緒にエクステンションが付いた毛も自然と抜け落ちます。綺麗な状態をキープする場合は1カ月以内にリペアしましょう。

Q10 エクステで、地まつげが傷んだり抜けたりしますか？
A 目をこすったりせず、ホームケアをきちんとして頂ければ、地まつげが傷んだり抜けたりすることはありません。まつ毛エクステをしたことによって毎日のビューラーやマスカラの重ね塗りがなくなり、まつ毛の負担が少なくなります。

Q11 お客様の洗顔についてのアドバイスは？
A ノンオイルクレンジングでやさしく洗顔して下さい。クレンジングオイルを使用したからといってすぐに取れるわけではありませんが、毎日繰り返し使用するとエクステの持ちは悪くなってしまいます。アイラインを落とす時は、綿棒やコットンを使用しましょう。

Q12 メイクは普段通りしてOKですか？
A 普段通りしていただいて構いませんが、まつ毛エクステの上からのウォータープルーフマスカラや濃いアイメイクは控えて下さい。マスカラをする場合は、お湯で簡単に落とせるタイプのマスカラを使用します。ビューラーは外れる原因になるので控えましょう。

Q13 長持ちさせるには、どのようなアドバイスがいいですか？
A 特に特別なお手入れは必要ありませんが、お風呂に入った後や洗顔の後など、まつ毛についた水分をティッシュなどで取って乾燥させるとエクステが長持ちします。また、エクステの向きがバラバラになってきた時は、スクリューブラシを使って保つことができます。

Q14 先にかき分けてからエクステを持つのと、エクステを持ってから後でかき分ける違いは？
A 先にかき分けると、装着するまでの時間が短くなります。後から分けると、ツイザーから目を離さなくて済みます。

Q15 まつ毛に残っているエクステは、施術の度に外した方がいいですか？
A 毎回外す必要はありません。定期的にオフして、まつ毛の根元を綺麗にクレンジングし、まつ毛が生えやすい環境を整えてあげましょう。

Q16 装着した後で、エクステの根元が白くなってしまうのは何故ですか？
A 主な原因としては、完全にグルーが乾くまでの間に水分が付着して、グルーが白化してしまった。または、グルーを使用する前によく振らなかったことで分離していたと考えられます。

Q17 どんなグルーを使えばいいですか？
A 種類で選ぶのではなくて、技術力に応じて使い分ける必要があります。例えば装着動作が遅い人は、速乾性の早いグルーを使うと装着前に乾いてしまうので扱うのが難しくなります。

Q18 逆さまつ毛にも付けられますか？
A 逆さまつ毛は、元々のまつ毛が眼球に向かって生えているのでトラブルの原因になりやすいです。まつ毛エクステで矯正するようなことはしないで、眼科医に相談して頂きましょう。

Eyelash Extension
Perfect Master Revision

後方左から
牧野 恵さん、枝折 憲さん、ELLYさん。
前方中央　枝折 繁さん

Profile

枝折 繁（しおり・しげる）
1949年熊本県生まれ
学校法人有明学園有明高等学校卒業
久留米理容美容専門学校
（現・福岡南美容専門学校）卒業
1970年　東京・ヒデ美容室神楽坂店入社
1976年　東京・田園調布に
『hair works SHIGE』をオープン
2008年　田園調布本町に店舗移転、
『SHIGE』をオープン
2010年
『SHIGEまつ毛エクステンション・アカデミー』主宰
http://www.shige1.com
http://www.shige-academy.com
全国の美容学校にてまつ毛エクステ講師を務める。
現在、全日本美容講師会常任創作委員、東京美容家集団運営委員、葡萄の会講師、2012年と2013年には、日本理容美容教育センター発行「美容技術理論2」の制作に携わる。また、2013年より東京認定美容師会　アイビューティシャン認定委員会 会長を務める。

枝折 憲（しおり・けん）
1976年東京生まれ
ハリウッド美容専門学校　卒業
2001年　『hair works SHIGE』入社
現在、サロンワークはもとより、全日本美容講師会カラーアドバイザー、東京認定美容師会　指導委員、『K-Point　Academy』講師、『SHIGEまつ毛エクステンション・アカデミー』講師として活躍。

Staff

Design & Technique	枝折 繁、枝折 憲
	（共にSHIGE）
	ELLY（トムの庭）、
	牧野 恵（Lang+）
Make-up	久保田 淳（ARTIS ATELIER）
Art Director	近藤みどり
Photograph	原 枝美（新美容出版）
Editor	星 比奈子（新美容出版）
P8、9、12、13 監修	烏山眼科医院 院長 福下公子
撮影協力	滝川株式会社
	有限会社　西村製作所

まつ毛エクステ
パーフェクトマスター［改訂版］

Eyelash　Extension
Perfect Master Revision

定価／（本体価格 4,000 円＋税）検印省略
2013年11月28日　発行

著者　　枝折 繁 枝折 憲
発行者　長尾明美
発売所　新美容出版株式会社
　　　　〒106-0031　東京都港区西麻布1-11-12
編集部　TEL03-5770-7021
販売部　TEL03-5770-1201
　　　　FAX03-5770-1228
http://www.shibiyo.com
振替　00170 1 50021
印刷・製本　凸版印刷株式会社

©SHIGERU SHIORI・KEN　SHIORI &
SHINBIYO SHUPPAN Co.,Ltd.Printed in Japan2013